心理学ベーシックライブラリ 5-I

教育心理学 I
：発達と学習
第 2 版

渡部雅之・豊田弘司 共著

サイエンス社

第2版へのはしがき

　2011年11月に刊行された本書の初版は，幸いなことに多くの方にご利用頂き，好意的な感想を頂戴しました。心より感謝申し上げます。

　その間も，学校教育と子どもたちを取り巻く環境は変化し続けており，2019年4月には教育職員免許法施行規則が改正されました。初版に記した基本的な事項が重要であることに変わりはありませんが，第2版では新しい教育職員免許法施行規則にも対応し，同時に心理学領域における学術的な進展も踏まえて，よりわかりやすく適切な表現となるよう，いくつかの箇所を加筆・修正しました。これにより，教職課程におけるテキストとして，さらに充実度が高まったと思います。

　本書が教職を目指す人々や関係者に広く，長く活用され，我が国の学校教育の質の向上に資することを期してやみません。

　第2版への改訂にあたっては，初版に続きサイエンス社の清水匡太氏にご尽力頂きました。記して感謝申し上げます。

　2019年10月

渡部　雅之・豊田　弘司

初版へのはしがき

　本書は，幼稚園，小・中学校，高等学校などの教員を目指す方をとくに念頭に置き，教育職員免許法施行規則の第三欄に示された「（障害を持つ子どもを含む）幼児，児童及び生徒の心身の発達及び学習の過程」の内容を，わかりやすく説明するという方針のもとに書かれました。われわれ著者は，いずれも教員養成系大学・学部において長く教鞭をとっておりますので，その経験に基づいて，教員として身につけておくべき知識・話題を厳選しました。その際，基礎的な知識だけでなく，最新の知見や研究動向も紹介できるように心がけました。その結果として，本書がはじめて教育心理学を学ぶ入門書として，あるいは教員免許更新制に基づく免許状更新講習の参考資料としても適したものになったと自負しています。

　わが国の高等教育は，国際化や少子化など，近年の急激な社会情勢の変化に対応し，教育の質をいかに保証するかが厳しく求められています。本書では，一つの章の内容を1回分の授業にあたる分量にまとめ，あわせて半年間の授業回数にほぼ相当する13の章を設けました。本書に沿って，あるいは各章を並べ直すことで，必要十分な教育心理学の授業計画を組み立てることができるでしょう。さらに，なるべく平易な文章を用い，適宜図表を配置することで，初学者が一人で読んでも理解しやすいものとしましたので，授業前後の自主学習用にも最適であると考えます。

　本書が教育心理学を学ぶ方々の知識習得に役立ち，さらには心理学に対する関心の扉をより広く開くことができたなら幸いです。

　終わりに，執筆中，常に適確なご指示を頂戴した当ライブラリ編者の井上毅先生と，サイエンス社の清水匡太氏と佐藤佳宏氏に，心より感謝を申し上げます。

　2011年9月 　　　　　　　　　　　　　　渡部　雅之・豊田　弘司

目　　次

第 2 版へのはしがき …………………………………………………… i

初版へのはしがき ……………………………………………………… ii

第 1 章　教育心理学とは　1

1.1　なぜ教育に心理学が必要か ……………………………… 2

1.2　教育心理学の領域 ………………………………………… 5

1.3　教育心理学のアプローチ ………………………………… 7

参 考 図 書 …………………………………………………… 9

第 2 章　発達の基礎　11

2.1　発達の意味 ………………………………………………… 12

2.2　発達の要因 ………………………………………………… 17

2.3　発達段階と発達課題 ……………………………………… 28

参 考 図 書 …………………………………………………… 34

第 3 章　ことばと描画の発達　35

3.1　ことばの獲得 ……………………………………………… 36

3.2　文章の理解 ………………………………………………… 38

3.3　ことばとコミュニケーション …………………………… 40

3.4　描画の発達 ………………………………………………… 43

参 考 図 書 …………………………………………………… 48

第4章 知能の発達　49

4.1　知能のとらえ方 ……………………………………………… 50

4.2　知 能 検 査 ……………………………………………………… 51

4.3　知的能力の発達 ………………………………………………… 54

4.4　知能の生涯発達 ………………………………………………… 59

参 考 図 書 ………………………………………………………… 62

第5章 自我と自己の発達　65

5.1　自我と自己 ……………………………………………………… 66

5.2　子ども時代の自我と自己 …………………………………… 69

5.3　青年期以降の自我と自己 …………………………………… 74

参 考 図 書 ………………………………………………………… 83

第6章 社会性の発達　85

6.1　親子関係と仲間関係 …………………………………………… 86

6.2　他 者 理 解 ……………………………………………………… 91

6.3　道徳性の発達 …………………………………………………… 95

参 考 図 書 ………………………………………………………… 100

第7章 性格と適応　101

7.1　性 格 形 成 ……………………………………………………… 102

7.2　適応と適応機制 ………………………………………………… 105

7.3　性格をとらえる ………………………………………………… 108

7.4　情緒の発達 ……………………………………………………… 112

目　　次　　　　　v

参 考 図 書 ……………………………………………… 116

第8章　**学習意欲と動機づけ**　　117

8.1　学習動機と外発・内発的動機づけ ……………… 118

8.2　自己決定理論と学習の統制感 …………………… 128

8.3　学習と原因帰属 …………………………………… 131

参 考 図 書 ……………………………………………… 134

第9章　**学習の基礎**　　135

9.1　行動主義心理学からとらえた学習 ……………… 136

9.2　認知心理学からとらえた学習 …………………… 140

9.3　記憶や学習を促す情報処理 ……………………… 145

参 考 図 書 ……………………………………………… 150

第10章　**知識，問題解決，メタ認知**　　151

10.1　知識と学習 ………………………………………… 152

10.2　問 題 解 決 ………………………………………… 157

10.3　メタ認知（認知を制御するシステム） ………… 162

参 考 図 書 ……………………………………………… 166

第11章　**教授学習理論**　　167

11.1　理想の教授法──個性（個人差）に応じた教授法

………………………………………………………… 168

11.2　講義法の長所と短所 ……………………………… 168

vi 目　次

11.3 「学習者の消極性」を補う教授法 ……………… 170

11.4 「個人差の無視」を補う教授法 ……………… 172

11.5 「知識（暗記）中心」を補う教授法 ……………… 179

11.6 「言語中心」という問題点を補う教授法 ……… 184

11.7 教授学習における教師の役割 …………………… 187

参 考 図 書 …………………………………………… 189

第12章　評　価　191

12.1 教育評価の意義と視点 …………………………… 192

12.2 評価の種類Ⅰ——基準による分類 ……………… 193

12.3 評価の種類Ⅱ——評価の時期による分類 ……… 197

12.4 最近の評価 ………………………………………… 201

12.5 テストによる評価 ………………………………… 204

参 考 図 書 …………………………………………… 207

第13章　特別支援　209

13.1 学 力 低 下 ………………………………………… 210

13.2 学業不振児 ………………………………………… 213

13.3 特別支援教育における児童・生徒の指導 ……… 217

13.4 学級内の問題行動 ………………………………… 222

参 考 図 書 …………………………………………… 225

引 用 文 献 ………………………………………………… 229

人 名 索 引 ………………………………………………… 243

事 項 索 引 ………………………………………………… 247

執筆者紹介 ………………………………………………… 253

第 **7** 章

教育心理学とは

1.1 なぜ教育に心理学が必要か

少子化・核家族化の進行や生活スタイル・子育て意識の変化など，子ども
を取り巻く社会環境は大きく変わりつつある。教育現場においても，この変
化にうまく対応できていない状況が見られ，さまざまな問題が生じている。
学力の二極化や学習意欲の低下，対人関係の希薄化やいじめ・校内暴力など
の問題行動，学級崩壊などは，もはや一部の学校だけが抱える問題ではない
（第13章 13.4 参照）。さらに，発達の遅れや社会的能力の未熟さなどを示す
子どもたちへの支援のあり方も，その原因の多様性と複雑さゆえに，多くの
親と教員を悩ませ続けている。

こうした諸問題を理解し，解決する上で，教育学や社会学などが貴重な示
唆を与えてくれるが，教育心理学もそれらに劣らず有効な知識を提供するこ
とができる。それは，心理学という学問の大きな特徴である実証的方法論に
負うところが大きい。すなわち，教育上の具体的な問題について仮説を立て，
原因の特定を試み，事象の法則性を記述して，問題点を改善するための具体
的方策を提示し，さらには新しい試みの提案と有効性の検証を行うのである。

一例をあげよう。授業に集中することが苦手で，すぐに別のことを始めた
り，授業の妨害をしてしまう子どもがいたとする。この子の先生は，なぜ注
意力が長続きしないのかという原因と，どのように対処すれば授業に集中し
ていられるかという改善策を考えようとするはずである。そのようなときに，
教育心理学の知見と方法論は大いに助けとなる。

その作業はまず，問題行動の現れる状況をできるだけ詳細に，かつ正確に
把握することから始まる。注意が続かないのは授業中だけなのか，それとも
ほかの場面でも同様なのか。もし前者だった場合には，授業の進め方に何か
問題があるのではないか。こうしたあらゆる可能性について考察し，仮説を
立てて原因の特定を試みるのが，教育心理学によるアプローチの特徴である。
具体的には，学校でのさまざまな場面において，その子だけではなく，教師
や友人も含む集団の行動を観察・記録したり，実験的に状況や働きかけ方を

1.1 なぜ教育に心理学が必要か

変化させて反応を確かめたりして，予想した原因を検証することになるだろう。そして，たとえば特定の教科において，あるいはまた教師の説明が長引いたような場合に，問題行動が見られやすいことが確認されたとする。そのことは，注意の欠陥（第13章13.3参照）が当人の興味・関心や学級・授業の状況と，密接に絡んで生じていることを意味している。

この事実は，次に改善のための具体的方策を考えていく上で，重要な情報となる。子どもの特性を変えることがすぐには難しいとしても，その子を取り巻く環境を整えてやることによって，事態を改善することは比較的容易であるからだ。上の例の場合には，興味を持てる教材を用意する，教師の説明は要点をふまえて短時間ですませる，グループ学習の中で学びを支える，などの工夫を試みることで改善をはかることができるかもしれない。

このように教育心理学は，子どもたちの心を理解するための知識を与えてくれるだけではなく，教育現場で「心」が関与する事象や法則を記述し，解きほぐすことで，よりよい学びと成長に向けての処方箋を見出す助けとなりうる実践的な学問なのである。だからといって，教育心理学に頼れば現実の教育活動をどのように進めていけばよいのかがすべてわかってしまう，というわけではない。指導計画の立案や実際の授業展開において留意しなくてはならない観点を，教育心理学は多く教えてくれるだろうが，それらをただ単に適用するだけではよい教育を生み出せはしない。そもそも教育という営みが，親と子，教師と児童・生徒といった，人と人との関係において行われるものである以上，関係のあり方や互いの個性に応じた創意工夫を重ねる中から，実践的に解を見つけ出すことが不可欠なのである。

では，教育実践を導く指針としての教育心理学は，いかなる領域において研究が進められてきたのだろうか。教育職員免許法施行規則においては「幼児，児童及び生徒の心身の発達及び学習の過程」や「教育相談の理論及び方法」等の修得が，すべての校種の教員に求められている（表1.1）。実践につながる教育心理学とは，主にこれらの領域を意味するものであるといえよう。その中から本書では，とくに発達領域と学習領域を取り上げる。そして，第

表 1.1　各校種の教諭の普通免許状（一種免許状）の授与を受ける場合に必要とされる科目の単位数

	各科目に含めることが必要な事項	幼稚園	小学校	中学校	高等学校
教科及び教科の指導法に関する科目 （領域及び保育内容の指導法に関する科目：幼稚園）	イ　教科に関する専門的事項 ロ　各教科の指導法（情報機器及び教材の活用を含む。）	16	30	28	24
教育の基礎的理解に関する科目	イ　教育の理念並びに教育に関する歴史及び思想 ロ　教職の意義及び教員の役割・職務内容（チーム学校への対応を含む。） ハ　教育に関する社会的，制度的又は経営的事項（学校と地域との連携及び学校安全への対応を含む。） ニ　幼児，児童及び生徒の心身の発達及び学習の過程 ホ　特別の支援を必要とする幼児，児童及び生徒に対する理解 ヘ　教育課程の意義及び編成の方法（カリキュラム・マネジメントを含む。）	10	10	10	10
道徳，総合的な学習の時間等の指導法及び生徒指導，教育相談等に関する科目	イ　道徳の理論及び指導法 ロ　総合的な学習の時間の指導法 ハ　特別活動の指導法 ニ　教育の方法及び技術（情報機器及び教材の活用を含む。） ホ　生徒指導の理論及び方法 ヘ　教育相談（カウンセリングに関する基礎的な知識を含む。）の理論及び方法 ト　進路指導（キャリア教育に関する基礎的な事項を含む。）の理論及び方法	4	10	10	8
教育実践に関する科目	イ　教育実習 ロ　教職実践演習	7	7	7	5
大学が独自に設定する科目		14	2	4	12

1.2 教育心理学の領域

2章から第7章までは主に発達領域を，第8章以降は学習領域を話題の中心に据えた。次に，各領域の特徴と教育実践との関連を見てみよう。

1.2 教育心理学の領域

1.2.1 発達心理学と教育

　人は，受精の瞬間から死までの間，遺伝などの生物学的な働きと，社会・文化などの環境からの働きかけの双方から影響を受けながら，絶え間なく変化していく。発達心理学とは，心身の形態や機能などに見られるこうした変化を記述し，その仕組みを解明しようとする学問である。その中でも教育心理学でとくに重視されてきたのは，幼児期から青年期までを中心とした児童心理学ならびに青年心理学である。日本教育心理学会の学会誌である『教育心理学研究』の近年の号にも，「幼児における自己と他者の調整とその発達」（平井，2017）や「文理解中の指示対象の曖昧性解消における発達的変化」（神長ら，2016）などのタイトルがならぶ。こうした研究を通して，私たちは教育対象である子どもたちの特性を理解すると同時に，指導のあり方を考えるヒントを得ることができる。それは，各年齢段階の子どもたちが通常の発達においてどのような姿を示すのかを認識しておくということである。その上で，一人ひとりの子どもについて十分な理解を行い，各自の個性に応じた指導を行う必要があることはいうまでもない。

　たとえば，小さいころは親のいいつけによく従っていた子どもが，小学校高学年を迎えるころに急に反抗的な態度を示すようになり，友だちとの間であれこれと親に内緒の相談をしているような様子が見られたとしよう。一般的に子どもたちは，思春期にさしかかると親離れを始め，将来の社会参加に備えて仲間集団における規則や秩序を学ぶ，ギャング・エイジ（第6章 6.1参照）とよばれる時期に入っていく。このことを知らなければ，過剰にあわてたり感情的に接してしまうかもしれない。一方，そうした時期に親のいうことを聞くよい子であるのも，決して安心してばかりはいられないかもしれ

ない。友人関係の中で規律や対人関係を十分に学んでいない子どもは，社会適応に必要な社会的技能（第6章6.1参照）が未熟なままになる可能性もあるからである。

　しかし，いずれの場合にも，発達心理学は子どもたちの一般的な発達傾向について教えてくれるだけである。目の前の一人ひとりの子どもについて正しく理解するためには，生育歴や日常の行動傾向などを詳細に把握することが欠かせない。一般と個別の両方の見方をふまえてこそ，各年齢に即した適切な指導のあり方を考えていくことができるのである。

1.2.2　学習心理学と教育

　私たち人間の大きな特徴とされる学習がどのような仕組みでなされるのかを明らかにし，児童・生徒一人ひとりの学びの特徴を把握するための指針を示してくれるのが学習心理学である。発達心理学と学習心理学への理解は，車の両輪のように教育活動に欠かせない。『教育心理学研究』に掲載された学習心理学領域の近年の論文には「知識の正確性ならびに知識再構築に対する自己効力感と概念変化」（中西ら，2018）や「知識の習得・活用および学習方略に焦点をあてた授業改善の取り組み」（深谷ら，2017）などがある。一方，学習過程に見られる個人差として学習動機に着目した研究（「中学生の学習動機づけの変化とテスト観の関係」（鈴木ら，2015）；第8章参照）や，発達障害を伴う児童・生徒への支援に焦点を当てた報告（「自閉症スペクトラム障害児に対する作文の自己調整方略学習（SRSD）モデルを用いた小集団介入」（丹治ら，2017）；第13章参照）が見られる。

　学校教育における学習活動の多くは，教師が教授・指導することによって方向づけられているため，教師は学習メカニズムを十分にふまえた上で，眼前の子どもたちの生の学習活動に即した教授法を生み出す工夫が必要である。このために参考となる教授学習理論の開発や学級集団作りにおける教師役割の解明（第11章参照）も，学習心理学の重要な任務の一つである。

　また，教育成果をどのように把握し，活用すればよいのかも大きなテーマ

となる。とくに近年，学力保証の観点から，学習目標を明確化して教育と評価を行い，その結果を次の学習段階に活かしていくべきだとする形成的評価の考え方が重視されている（第12章参照）。さらには，授業では依然として集団的一斉指導が中心であることをふまえると，学習活動が営まれる学級集団はいかにあることが望ましいか，優れた教師に求められる指導力・統率力とはどのようなものであるのかなど，教師として認識しておかねばならない観点は多い。学びに関するこうした幅広いテーマをカバーしているのが，学習心理学なのである。

1.3 教育心理学のアプローチ

　教育心理学に携わる者は，多種多様な知見をどのような手法で明らかにしてきたのであろうか。研究のアプローチについて知ることは，研究活動を行う者に対してだけでなく，学校現場において教育実践を担う教師にとっても重要である。

　その第1の理由は，教育心理学の知見を，実践に役立つ知識へと咀嚼するために，研究成果としての理論や仮説が生み出されたプロセスにも目を向け，その意味を正しく解釈することが望まれるからである。汎用的な研究結果がどのような手続きによって生み出されたのかを知ることで，自らが携わる実践場面のどの範囲まで適用が可能であるのかを見極めることができるだろう。さらに，第2の理由は，教育心理学の方法論のいくつかが，教師として個々の子どもを深く理解しようとする際に，しっかりとした視点を提供してくれるからである。たとえば昨今，「個性を生かす教育」の旗のもとに，子どもの個性を把握することが教師に求められている。その際，実験法や質問紙法にもとづいて明らかにされるような集団の中での差異と，アクション・リサーチやエスノグラフィのように，一人の子どもに長時間寄り添うことではじめて見えてくる差異の双方が，いずれも大切であると教えてくれるのである。

　実験法や質問紙法は，教育心理学の基本となる研究手法で，大量のデータ

を比較的短時間で客観的に処理し，一般法則を導くことに長けている。実験法では，能力や機能などのある限られた側面（A）にだけ着目して，その水準が異なる複数のグループを設定し，別の側面（B）におけるグループ間の差異を調べることで，側面 A が側面 B にどのような影響をもたらしているのかを明らかにしようとする。一方，質問紙法は，質問紙を配付して回答してもらう方法で，回収後に質問項目間の関連を分析することによって，求めている知見を得ようとする。

　いずれの手法も，異なる年齢群を同時に対象とすることで，群間の反応や成績の違いから発達傾向を推測することが可能である。これは，**横断的研究法**（cross-sectional method）とよばれる。しかし，対象者が特殊な環境を経験した者であったり，より詳細に発達的変化を記録したいときなどは，特定の個人や集団を長期間にわたって追跡していく**縦断的研究法**（longitudinal method）もとられる。また，ある社会・文化的な出来事をどの年齢で経験したか（たとえば，二十代にバブル景気を経験するなど）は，各世代に固有の意味を持つと考えられる。この点を考慮して，異なる時点での特定の世代を調べる**コホート**（cohort）研究法という手法もある（**図 1.1**；第 2 章 2.2.4 を参照）。

　さらに最近では，面接法を中心とする**アクション・リサーチやエスノグラフィ**の手法が用いられることも増えてきた。アクション・リサーチとは，もともとカウンセリング場面において科学的な問題解決を志向していくための手法であったが，現在では，研究と実践とを融合した具体的な問題解決のための科学的調査法と理解されている。教育場面では授業研究などにおいて導入され，革新的な成果が生み出されつつある。また，エスノグラフィは人類学において用いられてきた手法で，対象者の行動様式を日常の生活環境のままデータとして解釈することで，研究対象となった集団（あるいは個人）の社会・文化的分析を行うことである。これを用いて，学校や学級という学びの場をそのまま分析対象とする，新たなスタイルの研究が始まっている。

	1995 年	2000 年	2005 年	2010 年	2015 年	2020 年
5 歳	F 群	G 群	H 群	I 群	J 群	K 群
10 歳	E 群	F 群	G 群	H 群	I 群	J 群
15 歳	D 群	E 群	F 群	G 群	H 群	I 群
20 歳	C 群	D 群	E 群	F 群	G 群	H 群
25 歳	B 群	C 群	D 群	E 群	F 群	G 群
30 歳	A 群	B 群	C 群	D 群	E 群	F 群

図 1.1　コホート研究法のイメージ
左の縦の囲みは横断的研究法を，斜めの囲みは縦断的研究法を表す。

参 考 図 書

日本教育心理学会（編）（2003）．教育心理学ハンドブック　有斐閣
　日本教育心理学会の編集による。歴史，役割，研究法など，教育心理学という学問をさまざまな角度からとらえ，同時に学校心理士資格をはじめとする，教育実践をつくり上げるためのこの学問と社会との関わりについて紹介している。

学 級 風 土

　子どもは学校の中で長い時間をすごす。とくに学級は，彼らにとって家庭とならぶ生活の中心となる場である。その意味で，学級の環境が子どもたちの心身に与える影響は決して小さいものではない。学級の秩序が崩壊することは，単なる学級運営上のつまずきとしてではなく，所属する子どもたちに大きな不利益をもたらす恐れのある，由々しき問題であると考えるべきだ。

　今，そうした学級崩壊（第13章 13.4.1 参照）が，小学校高学年から中学校にかけて全国的に広がっている。崩壊した学級では，子どもたちが騒いで授業にならなかったり，教師に対して反抗や無視を繰り返したりする状態が続く。しかし，この原因は，必ずしも担任教師の指導力不足とは限らない。一つの学級に少なからずいるといわれる，特別な支援を必要とする子どもたち（第13章参照）の存在が引き金になったり，家庭や地域と学校との関係が変化して，学級の秩序を維持しようとする社会的雰囲気が希薄化していることなど，複数の要因が絡んでいると考えられている。

　また，いったん学級崩壊が起きてしまうと，その解決は容易ではない。そのため，予防として日ごろから学級全体への目配りが欠かせない。その際，「まとまりのある学級」や「明るい学級」づくりを目指すことになるが，こうしたことばは具体的にどのような状態を意味しているのであろうか。

　教育心理学では，学級の雰囲気のことを「学級風土」としてとらえることがある。学級内の対人関係や学級活動への参加，満足度などの観点から，学級風土を多面的にとらえるための心理尺度も開発されている（伊藤・松井，2001）。担任教師による日々の観察からだけでは，学級風土を正確に把握することは難しいとの報告もあることから，こうした心理尺度を利用して客観的に記述すれば，学級経営のための資料として活用することが期待できるだろう。

　近年の教育心理学には，臨床実践に直結するこうした研究も多く見受けられる。

第2章

発達の基礎

2.1 発達の意味

2.1.1 量的変化と質的変化

　皆さんは，自分がすでに十分に発達し，人として完成していると考えているだろうか。それとも，まだまだ発達途上だと思っているだろうか。

　心理学的には，発達とは受精・発生に始まり，環境との絶えざるやりとりを繰り返しながら最終的に死にいたるまでの，変化の全過程を意味するとされる。しかし，この用語は価値を含んで用いられやすいため，完全に機能できる状態に向けて成長することであると誤解されることが多い。事実，上昇的な変化のみが発達であると考え，誕生から青年期ごろまでを主な研究対象としていた時代があった。そのころの発達観を，横軸に時間経過，縦軸に能力・機能レベルをとって変化の様子を図示する**発達曲線**で示せば，右肩上がりの単調増加曲線として表現される。

　たとえば，スキャモン（1930）は体組織の成長パターンについて20歳時を完成とみなし，その重量を100％とした場合の組織ごとの重量変化を示している（図2.1）。これを見ると，リンパ型を除くすべての組織重量が量的に増加している。また，それぞれの成長は一様ではないことから，子どもは大人の相似形でないこともわかる。一方で，細菌感染しやすい児童期に大人の倍ほどのリンパ組織を持つ例も見られる。このケースは，機能的減退ではなく，質的な変化が生じるためと考えるべきである。同様に，近年の成年期・老年期研究からは，成人期以降も心身の形態およびその機能が絶え間なく変化し続けていることが示されている。これらの時期は，上昇的変化が必ずしも優勢ではないものの，環境に対する適応という観点からは重要な変化を含んでいるのである。

　いいかえれば，発達を量的にとらえようとするか，それとも質的にとらえようとするかという観点の違いである。もちろん発達は，基本的には連続的な変化の過程であり，ある時点で線引きをして，それ以前と以後とを明瞭に区分することが不可能であることは，多くの者が認めるところである。しか

2.1 発達の意味

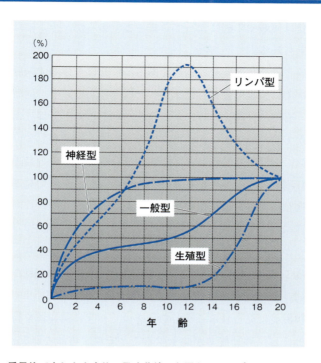

図 2.1　重量比で表した出生後の発達曲線の主要な 4 タイプ（Scammon, 1930）

し長期的に見ると，発達的変化の緩急には質もしくは量的な波が見つかることもまた事実である。そこで，この点に注目して，発達過程をいくつかの段階に区分し，それぞれの段階の特徴を明らかにすることで発達的変化について説明したり，子どもの姿を大まかに理解することに役立てようとする試みが多くなされてきた。

　ただし，それらの段階区分が常に一致するとは限らない。本来連続的であるはずの発達過程を，いかなる機能や観点に着目して区分するかという発達観や発達理論の違いが背景にあるからだ。それでも，人の発達には，多くの研究者がほぼ共通して認める，いくつかの基本的な原理がある。

2.1.2 発達の原理

　心身の変化は領域や年齢によってさまざまであるが，そこには共通の傾向や方向性が見られる。

　まず，発達とは分化と統合の過程である。最初は全体的で未分化であった状態から，次第に複雑で分化した状態へと構造化していく。同時に，分化した各部分は，有機的に関連づけられて統合される。たとえば，新生児の把握反射は，やがて物を随意的にかつ巧みに握る行為へと発展していく。さらに分化と統合は，一度きりしか行われないのではなく，個々の発達段階で繰り返され，より高次の段階へと進む原動力となる。したがって発達とは，分化と統合の繰返しによる再構造化であるといえる。

　次に，発達には一定の順序性が見られる。たとえば，乳児の移動能力は，一人座り，つかまり立ち，はいはい，一人歩きの順で獲得され，この順序が大きく変わることはない。さらに，発達には一定の方向性が見られ，一般に「上から下へ」，「中から外へ」という方向に沿って進行する。

　身体や精神機能に見られるこうした発達は，相互に関連性を持ちながら進行する。たとえば，移動能力が向上することで探索可能な範囲が拡大され，より豊かな刺激を得て認知能力もさらに発達する。加えて，生活圏の拡大は，新しい人間関係の形成と社会性の発達へと結びついていくようになるのである。

　ただし，これらはあくまでも原則的なものであり，発達の速さや領域間のバランスには，個人間あるいは個人内の差異が存在することを忘れてはならない。年齢段階ごとの発達の様相が記述されていても，すべての者とあらゆる領域に一律にあてはまるとは限らない。その種の記述は，あくまでも平均的な発達の経過を示したものにすぎないことをふまえるべきである。歩行の開始年齢や獲得したことばの数が，標準に比べて遅かったり少なかったりするからといって，過剰に問題視することはかえって問題の本質を見失わせる恐れがある。大切なのは，子どもたちの可能性を最大限に伸ばすために，一人ひとりの特徴をよく観察し理解することである。

2.1.3 生涯発達

　発達に順序性と方向性が見られるからといっても，定められた方向に向けてのみ進行し（一方向性），さらに一度通過した過程には再び戻ることはない（不可逆性）などと堅く考えるべきではない。一昔前の教育心理学では，初期の経験や学習を過度に重視し，それが後の人生を決定するかのようにみなしがちであった。ところが，成人期以降にも再学習の可能性が十分に残されていることが明らかになるにつれ，成人が完成体であるとする考えは疑問視されるようになった。代わって，人の発達的変化を受精・発生から死までの全般にわたって記述し，理解しようとする流れが生じ，**生涯発達心理学**が生まれた。

　バルテスの理論　　生涯発達心理学の確立に貢献したバルテスは，その特徴を次のようにまとめている（東ら，1993）。まず，発達とは環境に対する恒常的な適応過程であり，生物学的働きと文化的働きのダイナミックな関係の中で生じる。生物学的な影響は，年齢が低いときには発達を向上に向かわせ，年齢が高くなると停滞や減退させるように働く。一方，文化的な影響は，年齢が増すにつれてより大きくなる。そのため，乳幼児期こそが重要であるとか，成人期以降には何も変化しないなどと考えるべきではない。人生のどの時期にも，それぞれの環境に適応するための変化の可能性があり，その意味において発達は柔軟なのである。

　また，発達は獲得と喪失の過程であり，何かを得てよくなっていくだけではなく，何かを失ったり衰えたりすることも含む。その上で人は，発達のある時点において自らが利用可能な心身の機能をうまく組み合わせたり配分したりして，内外の環境変化に対応しようとする。すなわち，資源の配分方法が変化するのである。資源は，成長のため，維持・回復のため，喪失に対応するためという3つの働きに用いられる。幼いころは主に成長のために資源が配分されるが，年齢が上がるにつれ，維持・回復や喪失への対応という目的が中心になる。さらに，年齢が上がると失う機能がますます増えるが，文化的な環境をうまく活用する別の機能が成熟することによって，全体的な能

力を維持することもできる。

　以上からバルテスは，成人期の発達を，補償，選択，最適化の3つの原理で説明している。補償とは，機能の喪失をほかの手立てで補うことであり，選択とは，利用可能な資源の中から少数の機能を選んで集中的に用いることである。それらによって，限られた資源を環境適応のために最大限に利用する，最適化が可能となるのである。では，成人期以降の発達において，実際にそのような特徴が認められるのであろうか。

　レヴィンソンの理論　　レヴィンソン（1992）は，中年期の成人男性を中心とする面接調査を行い，一連の段階変化を見出して，これを四季になぞらえた（図2.2）。それぞれの季節（段階）は比較的安定した独自の性格を有するが，一方で，ある季節とその前後の季節とは共通する部分も多く，その間には過度期が存在する。また，実際の四季がそうであるように，私たちの一生も芽吹きの春から始まって冬に枯死して終わると考えることができる。ただし，どの季節がより重要だということはなく，それぞれが一生の中で大切な位置を占めつつ，歳月の移り変わりに寄与している。とくに中年期以降においては，ある機能を喪失する一方で別の機能が成熟し，発達段階間の移行に寄与して**ライフ・サイクル**を生み出していることが示された。

　このライフ・サイクルという用語は，生物学から取り入れられたものであり，生物の成長と生殖による変化が一回りする周期のことである。一人の人間の生涯にわたる発達は，次の世代に引き継がれ，何世代にもわたって繰り返されることを意味している。このライフ・サイクルを中心に据えた生涯発達理論としては，後述するエリクソンの立場が代表的である。なお，似たことばにライフ・スパンがあるが，これはライフ・サイクルにおける一個体の存命期間を意味している。また，ライフ・サイクルやライフ・スパンが人の普遍的な発達を意味するのに対し，ライフ・コースは個々人の人生における特徴的な歩みを表す場合に用いられる。

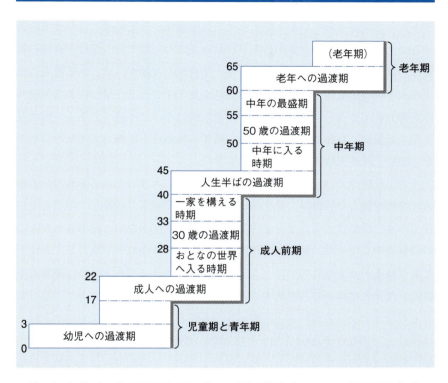

図 2.2　レヴィンソンによるライフ・サイクルの各段階（Levinson, 1978 より作成）

2.2 発達の要因

2.2.1 遺伝と環境

生得説・経験説　ある人がなぜ今のような能力や性格を持つにいたったのかを論じるとき，「生まれつき」であるのか「育ち」によるのかという，二者択一的な表現がしばしば用いられる。これは，発達を規定する要因として遺伝と環境のどちらがより重要であるか，という問いかけを意味する。発達における遺伝的要因を重視する立場は**生得説**（もしくは遺伝説，先天説），環境を重視する立場は**経験説**（もしくは環境説，学習説）とよばれてきた。

第2章　発達の基礎

　生得説では，発達は個体が生まれながらに持つ遺伝などの内部情報によって主として規定されていると考え，その遺伝情報が時間経過に合わせて発現することで成熟が進むと説明した。それゆえこの立場では，環境や経験の影響は二義的なものとして扱われている。生得説の立場からは，ある家系に属する人々の特徴を調べて，そこに共通性を見出すことで，遺伝による発達への影響力を示そうとした家系研究や，遺伝的にまったく同一である一卵性双生児を対象に，身体的特徴や諸能力に関する類似性を計算して遺伝の影響力を主張した双生児研究などが行われてきた。

　一方，経験説では，発達には環境の影響こそが大きいと考えられた。各個人の身体や能力の特徴は，誕生後にそれぞれの環境下で経験し，学習した結果であり，遺伝は大まかな可能性を決めているにすぎないと説明された。この経験説の立場では，何らかの理由により人間の社会の外で成長した野生児とよばれる子どもたちの中に，人として備えるべきごく基本的な行動様式や機能，たとえば歩くことや話すこと，感情を持ちそれを表現することなどでさえも十分でない者がいることを示し，人間としての遺伝情報を持つだけでは「ひと」になりえないことを主張した。また動物学者ポルトマン（1961）が「人間は生理的早産である」と論じたように，人は生理的に未成熟な状態で生まれ，未分化で可塑性に富んだ時期が長いことも，生育環境の影響の大きさと重要性をうかがわせる。

　輻輳説・成熟優位説　　生得説と経験説は，20世紀初頭に激しくその主張を戦わせたが，子どもたちの発達の様相が詳細に明らかにされるにつれ，どちらか一方のみが発達を規定するという極端な見方は否定された。発達の規定要因は「遺伝も環境も」であり，双方の関与が重要なのだとする考え方が，1930年代ごろから広く受け入れられたのである。たとえばシュテルン（1928）は，領域の違いで遺伝的要因と環境的要因のどちらがより強く働くかは異なるものの，両要因とも発達に対して加算的に寄与しているとする**輻輳説**を唱えた。またゲゼル（1929）は，心身の成熟が準備された状態（**レディネス**；readiness）に達していなければ，学習の効果を十分に受けとめるこ

2.2　発達の要因

とができないとし，**成熟優位説**を主張した。彼は，生後46週の一卵性双生児を対象に，一方には6週間連続して階段登りの練習をさせ，もう一方には何もさせなかったところ，前者は26秒で登れるようになったのに対し，後者は45秒かかった。ところが，後者の子も生後53週から2週間練習を行うことで，10秒で登ることができるようになった。すなわち，成熟に達した後の2週間の練習が，それ以前の6週間の練習よりも効率がよかったのである。

環境閾値説　しかし，輻輳説も成熟優位説も，遺伝と環境の役割を独立に扱っているという点では，従来の生得説と経験説を単に足し合わせたものにすぎない。遺伝と環境の複雑で相互的な影響を論じてこそ，それらが発達をいかに規定しているのかを本当に理解することができる。こうした考え方は，**相互作用説**とよばれる。ジェンセン（1969）は，個人内の遺伝的形質の発現に対して，環境がどのように関与しているのかを問題にすべきだと考えた。ここでは，環境条件が遺伝的形質の発現にとって，一種の閾値として働いていると仮定されていることから，彼の説は**環境閾値説**とよばれる（**図2.3**）。ある遺伝的特性が発現するために必要な環境的要因の質や量は，各々の特性によって異なり，それぞれに固有の一定の水準（閾値）がある。そのため，遺伝情報としての素質を有していても，環境条件が閾値を上回るほどに十分でなければ，その特性の発達は期待できないとされる。また，身体的・生理的な特性（**図2.3**の特性A）の場合，遺伝による影響がかなり強く，きわめて貧困な環境でなければ，ほぼ100%近い確率で遺伝内の特性が発現する。一方，絶対音感や外国語の音韻学習など（**図2.3**の特性D）は，環境の影響を強く受け，環境条件がきわめて豊富に整わなければ発現しない。対して，心理的特性の多くはこれらの中間である（**図2.3**の特性BやC）。

2.2.2　生理的基礎

脳の仕組み　人の発達の特徴を理解するために，脳の仕組みやその発達を理解することも重要である。それは，心理機能の基盤が結局は脳にあるか

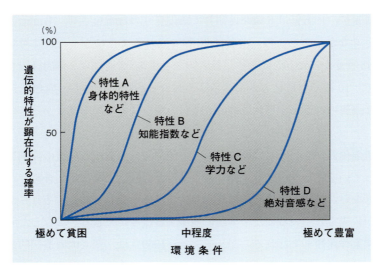

図 2.3　環境閾値 (Jensen, 1969 を一部改変)

らである。近年，fMRI（機能的磁気共鳴画像）など脳の画像や活動を比較的容易に測定できる検査機器が開発されたことにより，脳科学は発達心理学にも貢献する知見を多く生み出しつつある。たとえば，脳は大脳，間脳，小脳などに大別されるが，このうち覚醒・睡眠や呼吸，循環器系の調整などの基本的生命活動をつかさどるのが間脳や小脳である。そしてより大きく発達した大脳皮質は，領域ごとに機能が局在化しつつ，より高次の機能を担っている。また，左脳の後頭側には感覚野が，その前頭側には運動野があり，さらにその前頭側にはイメージや思考をつかさどる前頭連合野が存在する。

　これらすべてを合わせた脳の総重量は，成人で約 1,400g であり，小学校低学年ごろにその域に近づく。出生時には約 350g なので，生後 10 年ほどで 4 倍ほどに増加することになる。しかし体細胞と異なり，神経細胞（ニューロン；図 2.4）は出生後に大幅に数を増やすことはない。重量が増加する主

2.2 発達の要因

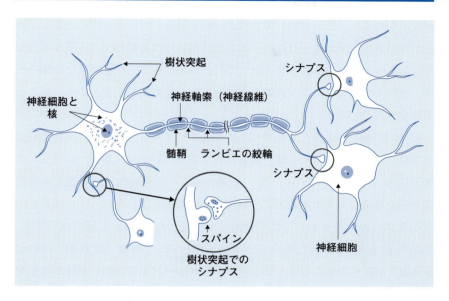

図 2.4 **神経細胞の模式図**（馬場, 2009, p.20, 図 1 より）

たる要因は別にある。それは，神経細胞がほかの神経細胞と連結する仕組みと関係している。神経細胞間の連結には，情報をまわりの神経細胞から受け取る樹状突起と，次の神経細胞に情報を伝える軸索とが用いられる。軸索は，神経パルスの伝達を速くする髄鞘に包まれている（髄鞘化）。樹状突起の著しい伸展や髄鞘化による重量増加が，人生初期の急速な脳重量の増加につながっている。また，神経細胞の 50 倍ほど存在しているといわれ，神経細胞の働きを支えるグリア細胞の増加も，重量増加の大きな要因である。

　心の働きは，基本的にこの神経細胞間の連結が生み出す。そのため，どこにどのような結合が形成されるのかが，心的機能に直結する。神経細胞間の接点には，シナプスとよばれる接合構造が形成される。新生児期にはすでに成人並みのシナプスが存在し，乳児期にそれが約 1.5 倍にまで増えていくが，

2歳から16歳までの間に急速に減少する。それは，経験に応じて有用なシナプスが残され，それ以外が減少する「刈り込み」が生じるためである。その時期は脳の領域により異なり，たとえば視覚では過剰形成は生後8カ月までに起こり，刈り込みは生後3歳までに終わる。一方，行動計画や行動の制御，理解や推論などの高次機能の刈り込みは，思春期の始まりごろに起こると推定されている。

初期経験　こうした脳神経系の発達に関する事実からは，初期経験の重要性が示される。たとえば，動物行動学者ローレンツ（1970）が発見した**刷り込み**（インプリンティング；imprinting）という現象は，孵化から数時間たった雛鳥に見られる習性で，眼前の動く対象を追いかけ，その特徴を学習し，さらに生涯にわたって学習内容が持続される。哺乳類においても，ある特性を獲得するためにふさわしい限られた期間（**臨界期**；critical period）が存在することを，ウィーゼルとヒューベル（1963）が仔ネコを使って確かめた。彼らは，仔ネコの片目を一定期間覆った後，視覚野の神経細胞がどちらの眼に与えた光刺激によく反応するかを調べた。その結果，遮蔽した眼から入力された刺激には反応しなくなっていることがわかり，しかもこの変化は，生後3〜4週ごろにもっとも起こりやすいが，15週をすぎると起こらないことを発見した。

その後，この種の現象はほかの哺乳類，とくにサルやヒトでも起こることが確認された。ただし刷り込みとは異なり，哺乳類の場合，臨界期のうちであれば後からの刺激によってかたよりが回復したり，後の体験の影響だけが残ったりする可塑性を持つこともわかっている。また，シナプスの刈り込み時期が領域によって異なったことと関連し，臨界期も身体・心理機能ごとに異なる。高次機能では比較的遅くまで刈り込みが行われないことから，人類の特徴である学習能力の獲得のための臨界期は，長期間にわたると考えてよい。

さらにこの場合，より重要なのは，期間の長さよりもむしろその期間中にどのような経験を積むかということである。グリーナフとヴォルクマー

2.2 発達の要因

（1973）は，人間の年齢でいえば少年期以降にあたるラットを，遊び道具や仲間がいる豊かな環境と，ケージの中で1匹だけでいる環境とで育てた後に，脳の神経細胞の特徴を比較した。すると，乏しい環境で育てられたラットよりも，豊かな環境で育てられたラットのほうが，シナプスの数が最大25％も多かった。また，後者のほうが迷路学習などの学習成績もよいことがわかった。仲間や物からの刺激が豊かな環境の中で，能動的に経験を積ませることが大切なのである。

2.2.3 身体と心

　ことばや知能（第3，4章），自己・社会性・性格（第5，6，7章）など，発達のすべてに身体の量的ならびに質的な変化が関連する。ある時点において子どもがどのように振る舞うのかには，その子の身体感覚や運動能力の発達が関係しているのである。身体の特徴が心的過程に影響することを意味する**身体性**は，乳児期においては次のような例に見ることができる。

　乳児が，テーブル上の隠し場所（X）におもちゃが隠されるところを何度か見せられた後に，テーブルの反対側に抱きかかえられて連れてこられたとしよう。このとき，1歳未満の乳児は，おもちゃが存在しない場所（Y）を探してしまう。なぜなら，彼らはおもちゃの隠し場所を自分の身体に関連づけて，「右斜め前方」のように符号化しているために，抱きかかえられてテーブルの反対側へ移動したとしても，やはり「右斜め前」を探してしまうからだ。しかし，ハイハイや伝い歩きが頻繁になり，子どもが自分の意思で別の場所に移動する経験を積むと，身体移動に伴って物の見かけ上の位置は変化するのだということを知る。その結果，1歳半ごろには，自分の前後・左右ではなく，空間内のより大きな枠組み（窓側や冷蔵庫の近くなど）に絡めて対象を位置づけることができるようになる。その結果，移動後もおもちゃを正しく見つけ出すことができるのである。このように，自分と物の位置関係を正しく理解する力（空間定位能力）は，移動のための身体能力の向上と深く結びついている。

24　　　　　　　　　第2章　発達の基礎

　また，乳児が自身の身体を自由に動かせるようになることで，親子関係にも変化が生じる。新生児は，社会的な働きかけに対して応答する原初的な能力を持って生まれる。例として，口唇あるいはその周辺に指などが触れると，その方向に顔を向けて口を開く口唇探索反射や，掌の内側をなでると，それをつかもうとするかのように指を曲げる把握反射など，**原始反射**（新生児反射）と呼ばれる行動が知られる。これらは，生後1〜2カ月ほどの間に，外界からの刺激に反応して生起する。そして，生後半年ごろまでは，こうした生得的な機能を用いて親の側からの働きかけに応えることにより，親子間の社会的なやりとりが成立する。笑顔のように見える表情を作る生理的微笑も，それ自体は意図を持った社会的な反応ではないが，周りの大人からの社会的な働きかけを誘発することに役立っている。原始反射は，脳神経の未成熟や胎児期の子宮環境への適応から生じると考えられており，そのほとんどが生後4〜6カ月ごろまでに消失する。その後は，自らの身体を能動的にコントロールできるようになり（随意運動），親の側の働きかけに適切に応えることができるようになっていく。一方，親のほうも，人格を持った個人として明確に我が子を意識するようになり，さらに的確な社会的反応を乳児に返すようになる。そして，両者の間に能動的で協調した対人関係が成立し，将来の社会的相互関係の学習へとつながるのである。

　こうした身体性の影響は，幼児期以降の発達においても見られる。身体と心は相互に作用し合っており，身体機能の向上が心の発達を促すだけではなく，心が発達することでより高度な運動機能を発揮することができるようになる。そのため，子どもの心の発達について理解を深めるには，身体の発達を知ることが不可欠である（**表2.1**）。人は，身長50cm前後，体重3kg程度で生まれ，その後の1年間で身長は約1.5倍に（78cm），体重は3倍程度（9kg）に増加する。その間，運動面でも著しい発達を遂げる。6カ月ごろには寝返りやお座りができるようになり，8カ月ごろにはハイハイやつかまり立ちが，生後1年を過ぎたころからは一人歩きが可能になる。幼児期に入っても成長は続き，6歳ごろには身長が115cm程度に，体重が約20kgにまで

2.2 発達の要因

表 2.1　乳児期から児童期までの身体発達の概要			
年齢	身長の目安（cm）	体重の目安（kg）	運動機能の発達の目安
0歳	50	3	頭を上げる 物を掴む つかまり立ち はいはい
1歳	78	10	独り立ち スプーンを使う
2歳	87	12	走る なぐり描き
3歳	96	14	ボール投げ ボタンをかける
4歳	103	16	丸や三角を描く 片足立ち
5歳	109	18	縄跳び スキップ
6歳	115	20	箸を上手に使う 文字を書く
7歳	121	23	複雑な運動 手足の巧緻性 瞬発力・バランス能力の急伸 スポーツ競技
8歳	127	25	
9歳	134	30	
10歳	139	33	
11歳	146	37	
12歳	152	42	

増える。なお，この間，体型にも大きな変化が見られる。新生児は頭部が身長の1/4程を占めるが，成人に近づくにつれて比率が小さくなり，児童期の終盤には1/7ほどになる。運動機能の面では，乳児期以上に著しい変化が見られ，積み木を積む，折り紙を折る，ボタンをかけるなどの微細な運動機能の獲得だけでなく，片足跳びやボール投げ，スキップなど，高度の協応能力，

調整力，バランス能力を要する運動が可能になる。児童期に入ると，身体発達は穏やかなものとなるが，一方で運動機能の発達はめざましく，筋力が増し，技巧性も向上して，より複雑な運動を巧みにこなせるようになっていく。そして，女子では9〜11歳，男子では11〜13歳に，再び心身の発育量が急増する第二次性徴の時期を迎え，大人の身体に近づいていく。

2.2.4 社会・文化の影響

　発達要因としての環境を考える際には，道具や住居などの物的な環境や，家族・友人などの人的な環境だけではなく，文化や教育を生み出す社会的環境の存在も忘れてはならない。人は高度な社会生活を営む動物であるからである。

　たとえば，発達研究では短期間に異なる年齢群の特徴を明らかにするために，ある時点における複数の年齢群を調査して類似点や相違点を分析する横断的手法か，ある参加者群を長期間・継続的に調査して実際の変化の詳細を探ろうとする縦断的手法が用いられることが多い。しかし，私たちが生きる社会は常に変化し続けている。そのため，同じ時代に生まれ，同じ社会的出来事（戦争や技術革新，社会体制の変化など）を特定の年代で経験した集団（コホート）は，時代の影響を同様に受けながら以後の人生を歩むことになり，ほかの集団とは異なる発達的特徴を持つことがある。たとえば，戦争を経験した世代，団塊の世代，バブル期に子ども時代をすごした世代などのコホートにおいて，異なる生活様式や社会意識が見られ，その違いが個人の発達にも影響する。したがって，各世代が20歳の時点で同じ発達的特徴を有するとは限らない。とくに，人格や価値観の形成において，コホートの違いによる影響（コホート効果）は大きいといわれている。

　また，身体的発達や性的成熟が，時代とともに加速・低年齢化する傾向があることも知られている。身体的発達における加速的変化は，**発達加速現象**とよばれ，初潮や精通などの性的成熟が低年齢化する傾向は**成熟前傾現象**とよばれる（**図 2.5**）。これらの現象の出現には多くの要因が複合的に絡んでい

2.2 発達の要因

図 2.5　平均初潮年齢の推移（日野林ら，1996 に基づき作成）

るが，その中の一つに生活環境における刺激の増加があげられる。それが内分泌系を刺激し，発達を促すと解釈されている。実際，学校の規模が大きく共学である場合に，同様の加速・低年齢化傾向が見られると報告されている。さらに，発達加速現象には地域や文化による差異があり，都市部の居住者は地方の居住者に比べて加速が顕著である。この現象は，**発達勾配現象**とよばれている。

　この種の加速現象が生じた場合，本来は十分な時間をかけて行われるべき発達課題の達成が，部分的にせよあいまいになってしまうという弊害があり，そのアンバランスな発達が社会問題と関連するとの指摘もなされている。しかし一方で，子どもたちの発達に文化や教育が積極的に関与することにより，子ども自身の力だけでは十分な解決が行えないような場面において，課題を乗り越える手助けをすることができるというメリットもある。ヴィゴツキー

は子どもたちの発達に，自分の力で達成できる水準と，その時点では援助なしに解決できない水準の2つがあると指摘し，これらの間を**発達の最近接領域**（zone of proximal development）とよんだ。発達の最近接領域に対して，保護者や教師などの大人が有効な援助を行うことで，その後の効果的な発達を促す足場づくりが可能になる。たとえば，算数の課題をやさしいものから難しいものへと順に与えることは，最近接領域へ段階的に働きかけることだとみなせる。ただし，発達の最近接領域には個人差が存在することも忘れてはならない。独力では同じ水準の問題を解くことができた2人の子に，同じ教育的援助を与えると，一方が他方よりも上の水準まで到達できたというような例は，実際にしばしば観察される。そのため学校などでは，適切な評価を通じて一人ひとりの最近接領域を見極めることが重要である。

 発達段階と発達課題

2.3.1 発達段階

　人の発達において見られる変化は一様ではない。短期的に見れば発達は連続的であるが，中・長期的に俯瞰すると，諸機能の出現時期やこれらの特徴には多くの共通点が見られ，いくつかの異なる段階として区分することができる。このように，発達過程を何らかの類似性でくくって表現したものが**発達段階**（developmental stage）である（図 2.6）。発達段階を設定することにより，心身の機能発達を段階的に把握することができたり，ある時期の一般的特徴を大まかに理解することができる。さらに，各発達段階の特徴からその時期に到達するはずの平均的な姿を知り，これと眼前の子どもの発達とを比較することで，発達の遅れや問題に気づくことが可能になるなどの利点もある。

　発達段階を設定するために用いられる基準には，さまざまな観点が存在する。たとえば，社会的慣習や制度，身体的成熟，精神構造の全体的変化，特殊な機能の発達などである。社会的慣習や身体的成熟による発達段階の代表

図2.6 **さまざまな基準による発達段階の区分**（青木・戸田，2009，p.6より一部改変）

基準	人名＼年齢	0	1	2	3	4	5	6	7	8	9	10	11	12	13	14	15	16	17	18	19	20	21	22
社会的	（学校制度）					幼稚園			小学校					中学校			高校			大学				
	（一般的）	乳児期		幼児期					児童（学童）期					青年期										
身体的	シュトラッツ			第一充実期		第一伸長期		男／女 第二充実期		第二伸長期			第三充実期			成熟期								
精神機能	ビューラー	客観	客観→主観		主観→客観		客観→主観		主観→客観															
	牛島	身辺生活時代		空想生活時代			知識生活時代			精神生活時代														
精神構造	ピアジェ	感覚運動知能期		前操作期				具体的操作期					形式的操作期											
	ブルーナー	行動的（動作的）表象				映像的表象			象徴的表象															
精神分析	フロイト	口唇期		肛門期	男根期		潜伏期						性器期											
	エリクソン	基本的信頼 対 基本的不信	自律性 対 恥・疑惑		自主性 対 罪悪感			勤勉性 対 劣等感					同一性 対 同一性拡散							親密性 対 孤立 ＊				
	ブロス												分化期	再接近期		練習期		個体化期						
活動	ヴィゴツキー（他）	直観的情緒的接触期	対象操作活動期			遊戯活動期			学習活動期					社会的コミュニケーション活動期			職業的学習活動期							

＊壮年期（生殖性 対 停滞），老年期（統合性 対 絶望）と続く。

例としては，乳児期，幼児期，児童（学童）期，青年期，成人期，老年期のように，一般的な身体的変化や就学・就職の状態などにもとづいた区分が相当する。精神構造の全体的，もしくは特殊な機能による発達段階には，たとえばピアジェによる発達段階説（感覚運動期，前操作期，具体的操作期，形式的操作期；第4章 4.3 参照）や，エリクソンの発達課題説（基本的信頼 対 基本的不信や勤勉性 対 劣等感などの8段階；第5章 5.3 参照）などがある。

また，人生におけるある特定の一時期のみを発達段階として表現したことばもある。小学校の中学年から高学年ごろにかけて，家族よりも友人関係から大きな影響を受けやすくなり，同性・同世代の閉鎖的な集団をつくって遊びや行動をともにすることを楽しむ時期を，ギャング・エイジとよんでいる（第6章 6.1 参照）。やがて思春期を迎え，各自の関心の対象が内面へと移行すると，ギャング・エイジは自然に終わりを迎える。

2.3.2 発達課題

発達段階を設定して各時期の特徴を知ることにより，子どもたちが成長の中で順次達成すべき目標を明らかにすることもできる。各発達段階において達成が期待されている課題のことを，発達課題（developmental task）とよぶ。古くはハヴィガースト（1972）が，乳幼児期から生涯におよぶ発達課題のリストを作成した。彼は，社会が個人に求める行動形成を問題にし，社会的技能の獲得や知識の習得，人格形成や役割の取得などに関する課題を設定した（表 2.2）。この発達課題は，作成された1940年ごろのアメリカの白人中産階級をモデルとしている。そのため，文化や時代，ライフ・スタイルの異なるさまざまな人々に，これらの課題が一様にあてはまるかは疑問である。たとえば，壮年初期の課題に「配偶者を選ぶこと」や「第一子を家族に加えること」があげられているが，望ましい生涯発達のためにこれらが本当に不可欠であるのかについては判断が分かれるだろう。その後も，多くの研究者が各自の立場で発達課題を提案してきたが，やはり多くはハヴィガースト同

2.3 発達段階と発達課題

表2.2 **青年期までの発達課題** (Havighurst, 1972より)	
幼児期 1. 歩行の学習 2. 固形食物をとることの学習 3. 話すことの学習 4. 排泄のしかたを学ぶこと 5. 性の相違を知り，性に対する慎しみを学ぶこと 6. 生理的安定を得ること 7. 社会や事物についての単純な概念を形成すること 8. 両親，兄弟姉妹や他人と情緒的に結びつくこと 9. 善悪を区別することの学習と良心を発達させること **児童期** 1. 普通の遊戯に必要な身体的技能の学習 2. 身体を大切にし有益に用いることの学習 3. 友だちと仲よくすること 4. 男子として，また女子としての社会的役割を学ぶこと 5. 読み，書き，計算の基礎的能力を発達させること 6. 日常生活に必要な概念を発達させること 7. 良心・道徳性・価値判断の尺度を発達させること 8. 両親や他人の支配から離れて人格の独立性を達成すること 9. 社会の諸機関や諸集団に対する社会的態度を発達させること	**青年期** 1. 同年齢の男女との洗練された新しい交際を学ぶこと 2. 男性として，また女性としての社会的役割を学ぶこと 3. 自分の身体の構造を理解し，身体を有効に使うこと 4. 両親や他のおとなから情緒的に独立すること 5. 経済的な独立について自信をもつこと 6. 職業を選択し，準備すること 7. 結婚と家庭生活の準備をすること 8. 市民として必要な知識と態度を発達させること 9. 社会的に責任のある行動を求め，そしてそれをなし遂げること 10. 行動の指針としての価値や倫理の体系を学ぶこと

様に，時代や文化の影響を免れえないものであった。

　そうした中で，人生周期を8つの段階に区分し，各段階に現れる発達上の危機として発達課題を意味づけたエリクソンの漸成図式（epigenesis）は，自我の健全な生涯発達という観点から発達像を描こうとした点で注目される（第5章 5.3 参照）。彼は，各々の段階で遭遇する危機を適切に解決することにより，自我が健全に発達すると考えた。まず乳児期に求められるのは「基本的信頼」の獲得であり，それが達成できると続く幼児前期には「自律性」，後期には「自主性」の獲得が課題となる。児童期の「勤勉性」，青年期の「自我同一性」，成人前期の「親密性」，後期の「生殖性」が漸次獲得されることで，老年期には「統合性」の感覚を獲得できるとした。ある発達段階の課題を達成できると，自信が生まれ，社会的にも承認されて，よいイメージで自分自身と社会をとらえることができる。また，次の段階の課題達成も容易になってくる。しかし逆に，課題達成が十分でなければ，自己不全感を持ちやすく，社会的にも低評価を受け，場合によっては適応障害などの事態を招くこともある。そのため，次の段階の課題達成も困難となりやすい。したがって，子どもたちが各々の発達課題をどのように達成しているかを常に見守り，適切な助言や支援を与えることが，親や教師にとって重要なのである。

　このエリクソンの発達段階も，文化の多様性や現代の変化を考えると，必ずしもすべての世代や文化において妥当性を持つとはいえないという批判が，近年の実証的研究の中で行われている。そのため，発達課題について，個人と社会の相互作用の産物としてとらえたり，他者との関係性という観点から位置づけ直すなど，より柔軟性の高いモデルの構築が試みられている。

生理的早産

　スイスの動物学者ポルトマン（1961）は，本来は鳥類に用いられる「離巣性」と「就巣性」という区分を哺乳類に適用し，産まれてまもなくある程度の身体運動能力を示して自立する離巣性の動物と，産まれてしばらくは親元（巣）に留まって養育してもらう就巣性の動物とに分類した。前者には，ウマやウシ，クジラやイルカ，それにチンパンジーやニホンザルなどが含まれる。これらの動物は，一般的に妊娠期間が長く，その分一度に産まれる頭数が少ない傾向がある。一方，後者には，ネズミやウサギなどが含まれ，就巣性と離巣性の中間タイプとして，イヌやネコなどがいる。一般に就巣性の動物は，妊娠期間が短く，一度に産まれる頭数が多い傾向がある。こうした差異は，胎児の間に運動や感覚をつかさどる組織体制をどの程度発達させるかの違いによって生じる。産まれてすぐに立ったり食べたりできる能力を持つ離巣性の動物は，母胎内に長く留まることで，高度な段階まで発達が進んでいるのである。

　では，ヒトはいずれのタイプであろうか。離巣性の動物の特徴は，幼体のときから成体に近い身体機能を備えていることだが，私たちの赤ちゃんは，出生後一年近く歩くことも，自分から食べ物を口に入れることもできない。そうした非常に未熟な状態で産まれることを考えると，就巣性であると短絡しそうである。しかし，ヒトにもっとも近い類人猿は離巣性に分類されており，私たちの胎児も，ほかの就巣性の動物に比べると，より開かれた感覚器官とより成熟した運動機能を持って生まれてくることから，基本的には離巣性の動物であるといえる。ただし，未熟さの程度が極めて高い特殊な例である。これは，本来離巣性の動物として産まれるべき時期よりも，約1年早く産まれることが常態化したためであり，離巣性の動物としては未熟児の状態なのである。この特徴をポルトマンは，生理的早産とよんだ。

　生理的早産の真の理由は定かではないが，胎児の脳（頭部）が巨大化する一方で，人類が直立歩行を開始したために産道を通り抜けることが困難になったことなどが原因ではないかと考えられている。ただ，ヒトらしさを生み出す言語や知能，コミュニケーションなどの能力が，生後の開かれた人間環境の中で大いに発達することを考えると，生理的早産は，遺伝的な影響力をできるだけ小さく留め，経験的な学習の可能性を最大化することができ，人類の適応的な生存に大いに寄与しているといえるだろう。

参考図書

ブレイクモア，S. J.・フリス，U. 乾 敏郎・山下 博志・吉田 千里（訳）（2006）.
　　脳の学習力——子育てと教育へのアドバイス——　岩波書店
　　（Blakemore, S. J., & Frith, U.（2005）. *The learning brain : Lessons for education*. Wiley-Blackwell.）

　著者のフリスは，自閉症の神経科学的研究で著名。学習と発達の観点から，近年の脳科学の知見がわかりやすく解説されている。付録の脳科学研究を支える技術の紹介や用語集は，この領域の理解に役立つ。

加藤 義信（2015）. アンリ・ワロン その生涯と発達思想—— 21 世紀のいま「発達のグランドセオリー」を再考する——　福村出版

　アンリ・ワロンの生涯とその発達思想，そして現代の発達心理学への示唆が，豊かな事例を伴って解説されている。特に，姿勢・運動と情動・表象との関連ならびに対立について論じた第 4 章は，身体性の概念に通じるワロン思想の骨幹であり，ぜひ一読して欲しい。

田島 信元（編）（2008）. 朝倉心理学講座 11　文化心理学　朝倉書店

　発達と文化との関係がさまざまな観点から紹介されている。とくに，ヴィゴツキー理論や状況論的アプローチをはじめとする，新旧の諸理論の解説が詳しい。

第3章

ことばと描画の発達

3.1 ことばの獲得

　人がほかの動物と異なる点として，しばしば「ことば」が取り上げられる。確かに，人間のように自在にかつ詳細に，ことばで意思を伝達できる動物は極めて少ないといってよいだろう。ではことばは，私たち人間にとってどのような役割を果たしているのだろうか。

　語彙の獲得　ことばの発達においては，語彙の獲得が基本となる。新生児期には単調な泣き声がほとんどであるが，生後2カ月ごろになると，高さ，強さ，リズムが変化してくる。また，喉を使って音声を発し，母音を中心としたクーイングが現れる。4カ月ごろにもなると，「バ［ba］」や「マ［ma］」などの子音と母音がつながった音（喃語；babbling）が現れ，生後7カ月すぎには「ババ バ［bababa］」や「ママ マ［mamama］」のように，同じ音を連続させる反復喃語が，さらに10カ月ごろには「マンマン」や「ニャンニャン」のような反復的でないパターンの発声が見られるようになる。

　そして1歳前後になると，最初のことばである初語（first word）が出現する。初語は発音しやすい音に一定の意味が結びつき，意味があるとまわりに認められた語のことである。それまでの発声に比べると，イントネーションやリズムは母国語に似てきてはいるが，初期はまだ不明確なことが多い。しかし親などには，それが「パパ」といっているのか「まんま」といっているのかが，ちゃんと区別がつく。音声が多少不明確であったとしても，適切な状況下で使われたならば，子どもが何をいいたいのかを推測できるからである。その後，音声の模倣がより確実になっていくことで，徐々に洗練された発声に変わっていく（表3.1）。

　ことばと親子関係　こうした語彙の獲得には，養育者などの他者とのやりとりが重要である。また，その素地は生後すぐから備わっている。たとえば，新生児であっても泣いたり笑いかけたりすることで自分の欲求を伝えようとし，生得的反射である新生児微笑やその後に現れる社会的微笑によって，養育者との間に表情や音声を通じた積極的なコミュニケーションを生み出す

3.1 ことばの獲得

表 3.1 **乳児期における言語能力の発達** (中島, 1983 を参考に作成)

0歳0カ月～0歳1カ月	……　反射的な発声と泣き，叫び
0歳1カ月～0歳4カ月	……　発声・調音機構を使い始める 　　　クーイングの現れ
0歳4カ月～0歳8カ月	……　発声・調音・聴覚機構を体制化 　　　規準喃語
0歳8カ月～1歳0カ月	……　喃語を親しい人との関わりの中で使用
1歳0カ月～1歳6カ月	……　異なる音節を組み合わせて産出 　　　初語，一語文
1歳6カ月～2歳0カ月	……　象徴機能の形成と言語機能の形成 　　　二語文

ことができる。養育者も，乳児からの働きかけに応えて笑ったり話しかけることで，両者の間には会話のようなやりとりが成立する。

　さらに，生後9カ月ごろに成立する乳児，養育者，対象物の**三項関係**は，自他の関心を共有しつつ対象が命名される場をつくり出す。そして，音声と対象とが結びつく経験を繰り返すうちに，乳児は自分の音声を命名の手段として用いることを学んでいく。こうした三項関係においてしばしば見られる乳児の指差しは，必ずしも対象の名前を知りたがっているわけではない。それにもかかわらず，ほとんどの養育者は対象を命名し，場合によってはその特徴を記述してみせる。また，このときの養育者のことばづかいは**育児語**（マザリーズ；motherese）とよばれ，単語の切れ目が明確で，抑揚に富み，繰返しが多いなどの特徴を有している。その結果として，乳児が物の名前とその特徴を覚えることに非常に役立っている。

　ことばと概念　　乳児は対象と音声を，ただ機械的に結びつけているのではない。養育者の視線や表情などの非言語的情報も参照しつつ，音声が意味するもっとも適切な対象（概念）を定めようとしている。まわりの大人のことばや表情などに依拠して状況を判断することは，言語獲得以外の場面でも

よく見られ，**社会的参照**（social referencing）とよばれている。それでも最初のうちは，たとえば「ニャンニャン」という発声を「イヌやネコなどの小動物全般」に対して用いているのだが，やがてネコに対してだけ限定して正しく使用できるようになる。

このとき，ある範囲だけに注目してほかの可能性を排除する**認知的制約**とよばれる働きが，短期間で大量の語彙獲得を可能にしている。たとえば，先の例において，ネコを前にした親は「ニャンニャンだね」と教える。そのとき，子どもは「ニャンニャン」ということばが，ネコの毛の色でもなく，また鳴き声でもなくて，ネコという動物自体であることを比較的容易に理解できる。これを可能にしているのが認知的制約の働きであり，「ニャンニャン」に結びつけようとする概念の形成を助けることで，語彙獲得の効率を高めている。

3.2　文章の理解

語　彙　数　　初語は，形式的には1単語の発話にすぎないが，それが意味する概念に絡めて，子どもたちの多様な意思や思いが含まれることが多い。そのため，文章と同程度の複雑な内容を包んでいるといえることから，**一語文**と表現されることがある。たとえば，仕事から帰宅した父親に子どもが「パパ」とよびかけるとき，それは「パパが帰ったよ」かもしれないし，「パパ，だっこして！」かもしれない。

語彙の獲得数は，1歳後半をすぎるころから爆発的に増え，多い日には十語ほども新たな単語を覚えていく（**語彙爆発**）。また，「パパ，イッチャッタ」のように2語をつなげて使う2語文，同様に3語からなる3語文の獲得のように，次第に長い文がつくれるようになる。これとともに，動詞や形容詞なども獲得されて，おおむね2歳半ごろまでにほぼすべての種類の品詞が学習され，複雑な表現が可能になっていく。語彙数も2歳で200〜300語，3歳で800〜1,000語，4歳で約1,500語，5歳で約2,000語，そして6歳では

3.2 文章の理解

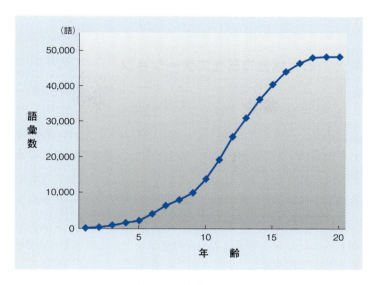

図 3.1　語彙数の発達

約 4,000 語と急増していく（図 3.1）。こうしたことばの発達は，使用する言語が異なる文化間においても共通して見られることから，生得的な基盤を持つ発達プロセスだと考えられる。

識字能力　話しことばの発達に対し，文字を読んだり書いたりする書きことばの発達には，学習や教育の違いが大きく関与する。3歳ごろまでに習得した基本的文法は，その後の学習において，より複雑な文章の生成や理解，さらには文字への興味・関心へとつながっていく。そのため幼児期には，相手の話を正確に聞き取ること，自分の意見や気持ちを相手にわかるように伝達すること，書きことばとしての文章を読み聞かせてもらうこと，などの経験を積むことが重要となる。さらに，学齢期に入ると，読む能力が飛躍的に向上するとともに，音読から黙読へと移行し，効率的に読むことができるようになる。この読解力には，文字の形態的処理やワーキングメモリの容量

40　　　　　　　　　第 3 章　ことばと描画の発達

（第 9 章参照），既有知識の点で個人差が見られる。

3.3　ことばとコミュニケーション

外言　　　人の主要な特徴の一つは，豊かで正確なコミュニケーション
である。コミュニケーションとは，ことばを情報伝達のために外に向けて用
いることであり，このように用いられることばは**外言**（outer speech）とよ
ばれる。質の高いコミュニケーションのためには，豊富な語彙と複雑な文法
の習得が不可欠である。ただし，コミュニケーションが自分の考えを他者に
伝達することを目的とするのであれば，送り出したメッセージが相手の心の
中で正しく再現されていると確信できることも必要である。もし，不完全に
しか再現されないなら，相手はこちらの意図を十分に理解できなかったり，
誤解したりする恐れがある。そのため，相手の好みや知識，意図など，心の
状態を理解して，それに即した適切なメッセージを送ることが望ましい（第
6 章 6.2 参照）。

　グラックスバーグら（1966）は，ついたてを挟んで向かい合って座らせた
子どもたちに，図 3.2 のような 6 種類の図形のいずれか一つが描かれた 6 個
の積み木を与えた。そして，話し手役の子どもに対し，ついたての向こう側
にいる聞き手役の子どもが同じ図形を選べるよう，その特徴を話してあげる
ように依頼した。

　その結果，4，5 歳くらいまでの幼い幼児においては，たとえば 5 番の図
形に対し「粘土みたいなやつ」とか「お父さんのシャツ」など，形が定まら
ない表現や，本人しか知らない情報を含む表現が見られた。これは，自分自
身の見立てに気を取られすぎて相手の立場まで考慮できない，幼児期の自己
中心性という特徴を表している（第 4 章 4.3 参照）。適切なコミュニケーショ
ンには，語彙数の増加や文法の習得だけではなく，認知的な発達も不可欠
なのである。

内言　　　ことばと認知能力とのより深い結びつきは，概念的思考にお

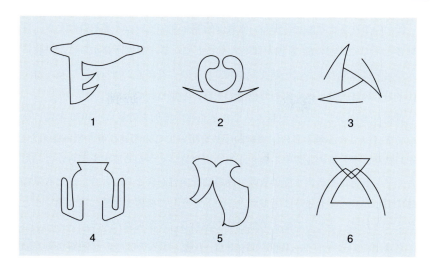

図 3.2　グラックスバーグらが実験で使用した図形
(Glucksberg et al., 1966, p.335 より)

いて現れる。ことばは自分自身の内側へ向けて発せられることもあり、これは**内言**（inner speech）とよばれる。すなわち内言とは、概念的思考のために用いられることばのことである。たとえばクロスワード・パズルを解きながら、「ここには『エアコン』か『クーラー』が入るが、二文字目を頭にして『アクセント』が入らなければならないのだから、『エアコン』のほうがよい」というように、自分自身の思考過程を言語化しつつ、考えを進めることがあるだろう。このときことばは、思考過程そのものであると同時に、思考過程を制御するものでもある。

さらに、幼い子どもの場合は、夢中になって遊んでいるときなどに、しばしば内言が実際の話しことばとなって表出される（**独語**）。この独語は他者のいる中で話されることもあり、それはとくに集団内独語とよばれる。ヴィゴツキーはこの集団内独語の発達について、4歳ごろまでは内言が漏れ出た

子どもの目撃証言

　何かの事件を子どもが目撃し，重要な情報を有していると思われたとき，目撃者としての証言の信憑性が問われることになる。記憶研究からは，一般に人の記憶は機械のように正確でも不変でもないことがよく知られている。とくに子どもの証言は，あやふやで信用できないと思われてきた。

　誘拐や虐待など子どもが巻き込まれる犯罪の増加を背景に，1970 年代になってアメリカの心理学者は，実験的手法を用いてこの問題に取り組み始めた。その結果，子どもの証言を不確かなものにするいくつかの原因を明らかにした。とくに，証言を引き出す際の質問に誘導的な内容が含まれたとき，子どもは容易に引っかかってしまうことがわかった。そうした要因を慎重に取り除くことさえできれば，子どもの証言の信憑性を高めることが可能だろう。

　グッドマンとリード（1986）は，3 歳，6 歳，成人の 3 つの年齢層から実験参加者をつのり，彼らが初対面のある人物と直接関わる場面を設定した。そして 5 日後に，先日の出来事についての質問を行った。このとき，誘導的な質問（テレビの大きさはどのくらいだったかな？；実際にはテレビはなかった）と普通の質問とを行うことによって，子どもの証言におよぼす誘導の影響を検討した。その結果，誘導的でない普通の質問においては，6 歳児は成人と同程度以上の成績を示した。しかし誘導的な質問では，3 歳児，6 歳児，大人の順に成績が悪かったことから，子どもの誘導されやすさが確認された。

　実際に，わが国で起こった「甲山事件」においても，子どもの目撃証言の信憑性が問題になった。1974 年に「甲山学園」で園児 2 人が園内の浄化槽で溺死したことに端を発する事件である。同施設の保育士が殺害容疑で逮捕されたが，その後上告や差し戻しを繰り返しながら，1999 年に高裁でようやく無罪判決が確定した。この裁判の中で，被告が被害児を連れ出すのを見たとする園児（当時）の目撃証言があり，その信憑性が争われたが，「……暗示・誘導の可能性が否定できない」との判断が示されている。

　このように目撃証言は，さまざまな意味において，ことばの影響力の大きさを示すよい例であろう。

ものであるが，5〜6歳ごろには外言的な特徴を同時に有するようになり，やがて社会的な伝達手段としての外言と，自身の思考手段としての内言に，明確に機能分化していくのだと説明している。

　こうした概念的思考の言語化（内言化）を明確に意識しない場合でも，私たちの思考は母国語の言語体系の上で実行され，その影響を受けていることがある。ことばが思考を規定しているとする**言語相対性仮説**は，この考えを極論したものである。ある文化圏に暮らす人々は，思考内容を彼らが使用する言語によって表現せざるをえない。したがって，言語が異なれば思考の過程も異なる可能性がある。この考えは古くから主張され続けてきたが，サピア（1957）によって強力に全面に押し出され，その弟子のウォーフによって継承されたため，サピア・ウォーフ仮説とよばれている。

3.4　描画の発達

　ことばで自分の考えや感情をうまく伝えられない子どもたちに，絵を描かせることでことばの代わりとすることがある。心理療法や性格検査の中で用いられる描画（第7章7.3参照）がよい例である。ことばを通してその背後

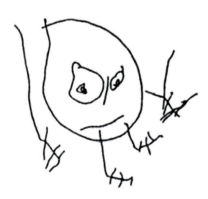

図 3.3　**できそこないの写実の例**（Luquet, 1927 より）

図 3.4　レントゲン画法が用いられた例
(Cox, 1992 より)

にある概念発達をうかがい知ることができるのと同様に，子どもたちの描画の変化にも知的な発達が反映されている。

　リュケ（1927）は，写実性の変化という観点から，子どもたちの描画の発達を 5 段階に分類した。でたらめに線を描く「なぐり描き」の段階，偶然にできた形に命名する「偶然の写実性」の段階，ある対象を表現しようとするがうまく描ききれない「できそこないの写実性」の段階（図 3.3），知っていることを正確に描こうとする「**知的写実性**（intellectual realism）」の段階，そして写真に撮るように，目に見えたままを描き取ろうとする「**視覚的写実性**（visual realism）」の段階である。このうち，知的写実性の段階から視覚的写実性の段階への移行を見てみよう。

　図 3.4 は，ボートに乗った 2 人の人物を描いた絵である。おかしなことにボートの側面を通して，中に乗っている人物の 2 本の足が見えている。幼児期の子どもの絵にしばしば見られるこの特徴は，レントゲン画法とよばれる。知的写実性とは，人には足が 2 本あるということがしっかりと理解されたがゆえに，たとえボートに乗って下半身が見えなくとも，それを描かなければ

図 3.5　知的写実性から視覚的写実性への移行の例

人を完成できないと考えてしまうことから生じる。その後，視覚的写実性の段階になると，ある視点から対象がどのように見えるのかを表現しようとする。そのため，レントゲン画法のように複数の視点からでなければ見えるはずのない対象を混在させるのは，おかしなことだと気づくようになる。これは，幼児期の特徴であった自己中心性が克服されることによる変化だといえる。

　知的写実性から視覚的写実性への移行は，知能の発達（第 4 章参照）に伴い，小学校の低学年ごろに生じる。図 3.5 は小学 1 年生の女の子が描いた絵である。この子が描いた横顔は，目が一つ，口が半分だけなので，視覚的写実性に近づいている。ところが，首から下にはまだ知的写実性の特徴を残している。手が不自然に後ろに突き出ていたり，足が 2 本とも描かれていたりする。これらの線に迷いがないところを見ると，彼女はこうした表現が適切なものであると確信を持っていたようだ。このように，知的写実性から視覚的写実性への移行は，数年間かけて徐々に進行していくのである。

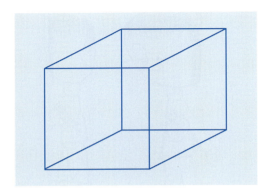

図 3.6　ネッカーの立方体

　ただし，視覚的写実性の段階にいたったからといって，常に見たままに描くわけではない。図 3.6 は，ネッカーの立方体とよばれる錯視図の一種である。立方体を描くように求められれば，私たち大人でもしばしばこのような図形を描くのではないだろうか。まず正方形を描き，そこから斜めに延びる辺を引き，最後にその辺の端を結ぶという手順で進行することが多い。これのどこがいけないのか，と不思議に思うかもしれない。立方体は六面の正方形で構成されており，ある面が正方形に見えたということは，立方体を正面から見ていることを意味する。そのため，ほかの面は見えるはずがない。逆にほかの面も見えているということは，正方形として表される面は（厳密にいうと）多少なりともひずんで見えなければおかしい。
　重箱の隅をつつくような話だが，これは大人であっても知的写実性から逃れられない好例である。大人は発達が完了し，常に最高の能力を発揮できていると私たちは誤解しがちであるが，実際にはそうではない。

ナディアの症例

　視覚的写実性に富んだ絵を描けることが，必ずしも高い知的水準を意味するとは限らない。その証拠として，描画能力に関する**サヴァン症候群**（savant syndrome）の事例を紹介しよう。

　図 3.7 に示した極めて視覚的写実性に富んだ絵は，ナディアとよばれた女の子が，3歳半から4歳ごろに描いた絵である。非常に（視覚的）写実的な絵であることがわかるだろう。ところがこれを描いた当時，彼女はことばも十分に話せないほどひどく発達が遅れており，後に自閉症と診断された。ナディアは，お気に入りの本の挿絵を何週間も眺めた後，ここに描かれたような絵を後日記憶に頼って描いたのであった。

　その後，彼女は教育的訓練を受け，徐々にことばを覚え，多少の会話が可能になっていった。改善が見られ始めた9歳半のときに彼女が描いた絵が，図 3.8 である。幼いときの絵に比べると，はるかに幼稚な筆使いに変わってしまった。とくに男性の首から下などは，知的写実性の時期の幼児が描く人物画に似ている。

　この変化には，彼女がことばを覚えたことが関係していると思われる。ことばの獲得は，彼女の中でことばを使って思考する内言を発達させた。ことばを覚え，ことばによって思考することで，描画においても自身が獲得した概念の影響を受けるようになってしまったと考えられる。その結果，遅ればせながら知的写実性を示すにいたったのである。

図 3.7　ナディアが3歳半から4歳のころに描いた木馬の絵
（Cox，1992 より）

図 3.8　ナディアが9歳6カ月のときに描いた絵
（Cox，1992 より）

参考図書

今井 むつみ（2013）．ことばの発達の謎を解く　筑摩書房

　概念も文法も知らない乳児が，なぜ母語を獲得することができるのか。その答えを豊富な事例からわかりやすく解説している。ことばの習得過程とその重要性をしっかり学ぶことができる良書。

落合 正行・土居 道栄（2002）．認知発達心理学──表象と知識の起源と発達──
　　培風館

　乳児期から児童期において，言語や描画の発達の中で表象機能がどのように育っていくのかを教えてくれる。表象の獲得が概念形成や自己理解につながり，認知発達の重要な基盤となることについて理解するのに適している。

ドイッチャー，G.　椋田 直子（訳）（2012）．言語が違えば，世界も違って見える
　　わけ　インターシフト

　今も論争が続くサピア・ウォーフ仮説（言語相対性仮説：母語言語が人の認識や思考を規定するとの仮説）について，仮説支持の立場からさまざまな実証事例が紹介されている。文化論としても面白く読める。

第 *4* 章

知能の発達

4.1 知能のとらえ方

　子どもたちは，日々の生活の中でさまざまなことを学び，技能を習得する。学校教育においても，知識を獲得して賢くなっていく。また，大人になってからも，新たな経験を通じて学ぶことは多い。では，人の「賢さ」とはどのようなことを意味するのであろうか。

　教育心理学では，賢さを知能という用語に置きかえることが多いが，知能とは何かについては単一的な見解を示すことさえ難しい。今日にいたるも知能観は一貫しておらず，その定義は研究者の立場によってさまざまであるからだ。たとえば，ターマンは抽象的思考能力を，ディアボーンは学習能力を，シュテルンは適応能力を，それぞれ知能の本質とみなしている。ウェクスラー（1958）はこれらを包括し，「目的的に行動し，合理的に思考し，環境を効果的に処理する総合的で全体的な能力」という定義を提案しているので，まずは彼の考えに従っておくのがよいだろう。

　知能の定義が多様であったのと同様に，知能とはどのような能力から構成されるのかについても，異なる考えが次々と提案されてきた。古くはスピアマン（1904）が，知能は2つの因子に大別できると考えた。知的能力の全領域に共通して寄与する一般因子（g因子）と，各領域に特有の寄与をおよぼす特殊因子（s因子）である。その後，因子分析技法の発展やコンピュータなどの技術革新に伴い，実証的データを分析することで，新しい考え方が生み出された。サーストン（1938）は多因子説（multiple-factor theory）を唱え，知能を構成する因子として，空間的因子（S），数的因子（N），言語的因子（V），語の流暢性因子（W），記憶的因子（M），推理的因子（R），および知覚的因子（P）の7つを見出した。バーノン（1961）は，スピアマンの二因子説（two-factor theory）とサーストンの多因子説にもとづき，一般的因子の下には言語や数に関わる因子群と空間や身体に関わる因子群があり，さらにこれらの下にいくつかの下位因子が存在するとする，ピラミッド型の階層モデルを示している。

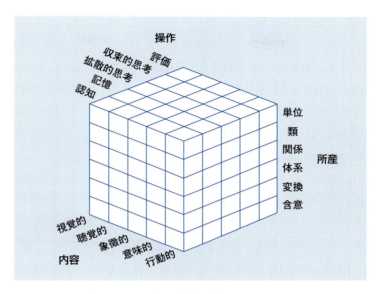

図 4.1　ギルフォードの知能構造モデル（Guilford, 1967 より）

　さらにギルフォード（1967）は，収束的（convergent）思考や拡散的（divergent）思考など，5種類からなる「操作」の次元と，象徴的や意味的など5種類からなる「内容」の次元，そして関係や変換など6種類からなる「所産」の次元を組み合わせた知能の立方体モデルを提案し，150個の知能が存在する可能性を示した（図4.1）。これらのうちいくつかは実際に確認されてきたが，もちろんすべてが実証されたわけではない。
　こうした知能観の変化は，知能を測定するための知能検査にも大きな影響を与えてきた。

4.2　知能検査

ビネー式知能検査　　知能検査の起源は，1905年にフランスにおいて開

発されたビネー・シモン尺度にさかのぼることができる。義務教育制度の確立とともに，就学に伴う困難やトラブルが問題視されるようになり，とくに発達遅滞児の発見と研究のために考案されたものである。各年齢（月齢）群の平均正答率がおおよそ50％程度となるような問題を用意し，いずれの年齢に相当する問題まで解決が可能であったかによって，知的発達の程度を測ろうとした。その後いく度かの改訂を経て，この「年齢相当の知能」は**精神年齢**（Mental Age；MA）として概念化された（これに対して実際の年齢は**生活年齢**（Chronological Age；CA）とよばれる）。

　ビネー・シモン尺度は大いに評価され，これを導入するための作業が世界各国で行われ，**ビネー式知能検査**として発展をとげた。たとえばアメリカでは，スタンフォード大学のターマンを中心に知能検査としての標準化が行われ，**スタンフォード・ビネー知能検査**が作成された。この中では，新たに**知能指数**（Intelligence Quotient；IQ）の概念が導入された。知能指数とは，精神年齢を生活年齢で割った数を100倍したものである。ある人のIQが100であるということは，その人がちょうど生活年齢に相応する知能水準にあることを意味し，IQが100より高かったり低かったりすれば，知能の発達が平均的な水準よりも早かったり遅かったりすることを意味している。すなわち，厳密には検査時点における発達の遅速を示すものである。実際，成長に伴って知能指数が変化することも明らかになっていることから，知能指数の利用や解釈にあたっては，その意味を十分に理解しておくことが大切である。なお，わが国には，翻訳・修正によって作成された鈴木・ビネー検査や田中・ビネー検査などがある。

　ウェクスラー式知能検査　ビネー式知能検査は，知能全般の水準を判定するためのものであったが，より詳細に知能を診断することを目的として，各下位知能の水準をプロフィールとして示すことができるように工夫した検査をウェクスラーが考案した。これは，言語性検査（知識・類似・算数・単語・理解・数唱など）と，動作性検査（絵画完成・符号・絵画配列・積木模様・組合せ・記号探し・迷路など）からなり，両方の知能が別々に測定でき

4.2 知能検査

表4.1　日本版 WISC−Ⅲ知能検査の問題構成	
動作性下位検査	**言語性下位検査**
1.　絵画完成	2.　知識
3.　符号	4.　類似
5.　絵画配列	6.　算数
7.　積木模様	8.　単語
9.　組合せ	10.　理解
11.　記号探し	12.　数唱
13.　迷路	

るだけでなく，下位知能ごとのプロフィールにより知能の特徴を診断することができる。ここで用いられた動作性検査は，当初，アメリカの軍隊において，英語が苦手な移民などを考慮して開発されたものであり，言語を使用するA式（α式）に対し，B式（β式）ともよばれていた。今日では，非言語式検査の利点が高く評価され，多くの知能検査で採用されている。さらにウェクスラー式知能検査には，被検査者の年齢によって，成人用（**WAIS**；Wechsler Adult Intelligence Scale，1939），児童用（**WISC**；Wechsler Intelligence Scale for Children，1949；**表4.1**参照），および幼児用（**WPPSI**；Wechsler Preschool and Primary Scale of Intelligence，1967）の3種類が用意されている。これらはとくに，教育や臨床など多方面で有効であり，わが国においても広く活用されている。

　ビネー式知能検査とウェクスラー式知能検査は，ともに個別検査であり，検査者と被検査者が1対1で対面して実施することが原則である。個別検査は，被検査者の能力や状況に応じて臨機応変に進めていくことができる反面，多人数に検査を実施しなければならない場合には多くの時間を要するなどの欠点を有する。そのため，多人数に同時に実施できる集団検査が開発され，これも教育場面や産業場面で活用されている。

4.3　知的能力の発達

ピアジェの発達理論　発達検査の多くが，発達を量的変化としてとらえようとするのに対し，質的な変化こそが重要であると主張する立場がある。その代表として，もっとも体系的・包括的な理論として知られるピアジェの発達段階説を紹介しよう。

ピアジェは発達を，精神的な「構造」の変化という観点から説明した。人の精神構造は，普段は一定の安定したまとまりを持っている。それゆえ，環境に適応しようとする際，構造の特徴を反映した働きかけの様式が一貫して用いられる（**同化**；assimilation）。ところが，現有の構造ではうまく対応できないような経験が繰り返されると，構造自体をより適切なものへと改善する必要に迫られる（**調節**；accomodation）。そして，調節が同化を上回ったとき，（人生という長い目で見ると）急激な構造変化が生じて，新たな次の精神構造を獲得するのである。この仕組みは**均衡化**（equilibration）とよばれる。これに加えて，成熟や社会的伝達，物理的経験などによっても構造の変化は引き起こされる。

ピアジェが見出した構造変化，すなわち発達段階は，大きく次の4つに区分される（**表4.2**）。

第1段階は**感覚運動期**（sensorimotor stage）であり，出生から2歳ごろまでが相当する。この時期は，感覚と運動を通して外界を認識する。たとえば乳児は，物をなめたりつかんだりすることで外界を知ろうとする。これは，幼児期以降の段階のように，心の中でイメージ（表象）を使って思考することができないからである。また，生後間もないうちは，手の動きと視覚的情報とをうまく一致させることができず，思った所へ手を伸ばすことさえ難しいのだが，半年もたつと目からの情報入力と手の動きとをうまく調節して，自分の欲しい物をつかみ取ることができるようになる。さらには，この仕組みを使って，隠された物を探し出すこともできるようになる。このように，感覚や運動機能を使って多くの適応的行動を獲得していく。それこそがこの

4.3 知的能力の発達 55

表 4.2　ピアジェによる思考の発達段階 (野呂, 1983, p.75 より)					
基本段階			**下 位 段 階**		
前論理的思考段階	感覚運動期	誕生〜2歳	第1段階	反射の行使	0〜1 カ月
			第2段階	最初の獲得性適応と第1次循環反応	1〜4 カ月
			第3段階	第2次循環反応および興味ある光景を持続させる手法	4〜8 カ月
			第4段階	第2次シェマの協応と新しい状況への適用	8〜12 カ月
			第5段階	第3次循環反応と能動的実験による新しい手段の発見	12〜18 カ月
			第6段階	心的結合による新しい手段の発明	18〜24 カ月
論理的思考段階	表象的思考期	前操作期 2〜7歳	第1段階	前概念的思考段階	2〜4 歳
			第2段階	直観的思考段階	4〜7 歳
		具体的操作期 7〜11歳	物理的実在に限定した論理的思考		
		形式的操作期 11〜15歳	物理的実在から解放された抽象的思考		

段階の知能である。やがて1歳半をすぎるころになると，ままごとのようなごっこ遊びや，記憶された行為をまねる延滞模倣（delayed imitation）などが見られるようになり，ことばも急速に獲得されていく。これらはイメージが使用されていることを意味しており，次の段階への移行が近いことを示している。

　その第2段階は前操作期（preoperational stage）とよばれ，2歳から7歳ごろまでが相当する。この時期には，未熟ながらもイメージを使った思考が

可能である。ただし自己中心性の傾向が強く，それぞれのイメージは静的で独立しているため，イメージ間のつながりをもとにした論理的推論がうまくできない。それゆえ，適切なイメージ操作ができるようになる前の段階という意味で，「前操作」期とよばれる。不適切なイメージ操作の結果，物事の一面にだけ注意を向けてしまって判断を誤るような例が見られる。

たとえば図 4.2 のように，同じ形のビーカーに入った水のうち，一方のみを異なった形のビーカーに移し替え，いずれかの水が多いかそれとも同じであるのかをたずねてみる。するとこの時期の子どもたちは，一方のビーカーにより多く水が入っていると答えてしまう傾向が見られる。これは彼らが，この時点で注意を引かれた一面（水面の高さ，ビーカーの断面積など）にだけ注意を中心化してしまい，複数の観点を考慮して水量の不変性を正しく判断する（**保存概念**；concept of conservation）ことができなかったからである。

適切なイメージ操作が可能になるのは，第 3 段階である**具体的操作期**（concrete operational stage）に入ってからである。これは 7 歳から 11 歳ごろまでの，ほぼ小学校期にあたる。具体的操作期では，具体的な内容であれば正しくイメージ操作を行い，論理的に判断できるようになる。もちろん保存概念も獲得される。しかし，抽象的な思考を行うことはまだ難しい。その意味から，具体的操作期とよばれている。たとえば，何種類かの薬品を組み合わせて，ある特徴を持った化合物をつくり出すように求めた場合，具体的操作期の子どもたちは思いつく単純な組合せをいくつか試してみるだけであることが多い。

抽象的論理思考が可能になるのは，12 歳以降の**形式的操作期**（formal operational stage）である。この段階になると，現実場面から離れて演繹的推理を行うことが可能になり，三段論法のような推理的思考ができるようになる。先の薬品調合の例では，すべての組合せを系統立てて考え，その結果から各薬品の特徴を推論することができる。

ピアジェその後　ピアジェの理論は発達心理学に多大な貢献を行ったが，

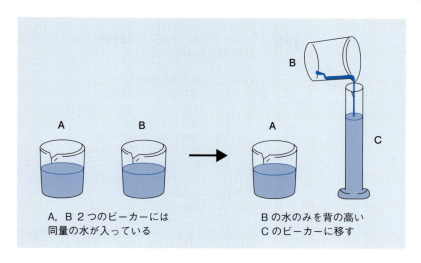

図 4.2 **水量保存の実験**（中西・三川（編），1995，p.16 より）

一方でさまざまな反論も生んだ。その主なものは，方法論上の問題点の指摘と，ピアジェの構造主義的発達観に対する領域固有性の主張であった。

前者について，「3つの山問題」に対する批判的研究を例にあげよう。この課題は，「自分が現在いる位置とは異なる位置まで視点を移動させ，そこから見えるはずのみえを思い描く心の働き」（渡部，2006）を意味する空間的視点取得の発達過程を探るために，ピアジェとイネルデ（1948）によって用いられたものである。図 4.3 のような3つの山の模型を前にして子どもを座らせ，「山をあっち（子どもとは異なる位置）から見たときにどんなふうに見えるかな」と問う。正答できるようになるのは大体 10 歳くらいからであり，自分自身の目に映る山の見えをそのまま答えてしまう自己中心的反応は 6 歳以下の子どもたちに見られた。

この報告に対し，コックス（1975）は，ピアジェらのように人形によって他者の視点を示すのではなく，実際の人が他者として問いかけを行うと，4,

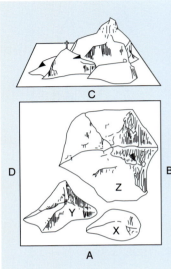

図 4.3 ピアジェらによる「3つの山問題」の刺激布置 (渡部, 1995, p. 45 より)

5歳の子どもたちでも正答率が上昇することを示した。ゲルマンとバイラージャン (1983) はこの種の研究を概観し，教示方法を変えるなどして課題の複雑さを低減させると，幼児でも空間的視点取得課題を解決することができるのだと結論づけた。また，逆にエリオットとデイトン (1976) は，山の周囲を10度刻みで撮影したスライド写真を選択カードとして用いると，大学生でも未熟な自己中心的反応が生じたと報告している。結局，3つの山問題は「かなり'雑音'が多く感度の悪い課題」(Flavell, 1977) であり，これだけで発達の真の姿を知ることはできなかったのである。

また，ピアジェは発達的差異を認知的操作の違いとして説明したが，領域固有性を主張する者たちは，対象領域に固有の知識とその再構造化の違いによって説明しようとした（シーグラー，1978；カーミロフ=スミス，

1991；ケイリー，1996 などが代表的）。そのため，知識の集積と再構造化が進んでいる（習熟している）領域であれば，たとえ幼い子どもであっても，年齢の水準以上に発達した認知的操作が可能であり，実際にそのような例は多く見られる。また逆に，素朴物理学（ゲルマンとゴットフリード，1996）や素朴生物学（稲垣，1995）のように，先んじて獲得される領域固有の知識構造は，新たな知識の獲得を助けてくれる一方で，より適切な理解を妨げることにもなる。こうした現象は，ピアジェの構造主義的理論では十分に説明できなかったことである。

さらに近年では，すでに発達を終えたとしてピアジェが関心を寄せなかった青年期以降の認知発達についても，精力的に研究が進められている。

4.4 知能の生涯発達

4枚カード問題　最初に次の問題を考えてみよう。

図 4.4 のような 4 枚のカードがある。これらのカードの表面には数字が，裏面には平仮名もしくは片仮名が書かれている。さて，このカードをつくった者は，「表が奇数ならば裏は平仮名」となるようにしたという。本当にそうなっているかを調べるためには，どのカードを裏返して見る必要があるか。何枚裏返してもよいが，必要最小限の枚数にすること。

図 4.4　4 枚カード問題

第4章　知能の発達

　この問題は，「表が奇数ならば裏は平仮名」というルール（命題）が正しい（真）とすると，その対偶（たいぐう）も真となることを理解できているかどうかを問うている。すなわち，「裏が平仮名でなければ（すなわち裏が片仮名であれば）表は奇数でない（すなわち偶数）」となる。そのため，奇数が書かれている「3」のカードと，片仮名が書かれている「キ」のカードをめくり，それぞれ平仮名と偶数が現れることを確かめなければならない。一見単純な問題にも思えるが，成人でも正答率は5％程度しかない。間違いの多くは，平仮名が書かれた「う」のカードを選んでしまうことである。「裏が平仮名であれば表は奇数」というのは先の命題の逆であるが，もとの命題が真であっても逆が真であるとは限らない。こうした内容は，現行の学習指導要領では数学Aの「命題と証明」に含まれるため，高校を卒業した者のほとんどが学習してきていると思われる。また大人であれば，そもそも形式的操作が可能になっているはずである。しかし，こうして論理的に考えることに困難を感じることは，日常生活でもしばしば見られる。それでは次の問題はどうだろう。

　教師であるあなたは，未成年の飲酒を防止するために，繁華街の巡回に出かけた。ある飲食店に立ち寄ったところ，そこに4人の客がいた。1人目は高校の制服を着た女性で，何かを飲みながら数学の問題を解いている。2人目はスーツを着た中年男性で，彼も何かを飲みながら新聞を読んでいる。3人目は後ろ姿しか見えないが，コーヒーを飲みながら携帯電話をかけている女性。そして最後の1人も，後ろ姿しか見えないが，カウンター席でビールを飲んでいる。この中で声をかけて，年齢（学生かどうか）あるいは飲み物の種類を尋ねる必要があるのはどの人だろうか。何人に尋ねてもよいが，店の営業妨害にならないよう，最小限の人数にすること。

　正解は，1人目の女性と最後の男性である。制服姿の女子学生が飲酒していないことを確認しないといけないし，ビールを飲んでいる彼が学生でない

4.4　知能の生涯発達

ことも確かめる必要がある。一方，2人目の中年男性が何を飲んでいてもかまわないし，コーヒーを飲んでいる3人目の女性がたとえ学生でも問題はない（「こんなところで遊んでいないで，うちに帰って勉強しなさい」というお節介は別にして）。

　最初の4枚カード問題は難しかったが，飲酒の問題は比較的やさしく感じたのではないだろうか。いずれも命題についての理解を必要としたが，4枚カード問題が比較的抽象的な出題内容であったのに対し，飲酒の問題はより具体的内容であるし，類似の経験も利用できる。ピアジェの発達段階説では，知能の構造には一貫性が見られ，発達は後戻りしないことが前提とされていたが，実際には上の例のように，論理能力には状況依存性や個人差がしばしば見られる。そのため成人期以降の知能にも，発達的な変化が生じる可能性が大いにある。

　加齢の影響　一方，高齢期になると，加齢に伴って記憶や知能が低下すると一般には思われている。だが，その種類によって加齢の影響が異なることが知られている。記憶については，影響を受けやすいのはワーキングメモリ（作動記憶）とエピソード記憶であり，意味記憶や手続き記憶は比較的影響を受けにくい。そのため，新しいことはなかなか覚えられないが，泳ぎ方や自転車の乗り方などは年をとっても衰えにくい。同様に知能も，ワーキングメモリに依存する**流動性知能**は40歳代でピークを迎え，60歳代後半には大きく低下するが，意味記憶などによって支えられる**結晶性知能**は，80歳代以降でないと大きな衰えは見られない。

　さらに，記憶や知能自体でなく，これらを支える注意や抑制の機能も，加齢に伴って低下することが知られている。たとえば，処理すべき情報に対して選択的に焦点を当てることを意味する選択的注意や，不適切な行動や判断を遮断するための抑制機能は，個人差があるが，加齢の影響を受けやすい。こうした減衰のために，作動記憶に余分な情報が入り込みやすくなったり，環境や状況から容易に取り出せる情報に依拠しがちになったりするので，高齢期には記憶や知能の水準が低めに現れやすいのである。

第4章　知能の発達

　加えて，高齢者の能力について考える際には，コホート効果と個人差についても注意せねばならない。たとえば，現在の高齢者が子どものころ，パソコンなどの機器類はもちろんなく，学歴にしても今の制度と異なり，高等教育を受けた者の割合はずっと少ない。そのため，知識量や種類は今の若年層と異なると予想できるし，質問によっては現代的な知識を問う愚を犯してしまっているかもしれない。同時に，高齢期に急速に進む肉体的な衰えも，知的な活動に影響をおよぼしている。認知症などはそのよい例であるが，一見健常に見える者でも，ほかの年齢層に比べて大きな個人差が見られることが多い。知能の生涯発達を考える際には，発達曲線の単純な上下だけでなく，その背後にある諸機能の発達的変化や個人的特徴を十分に理解する必要がある。

参 考 図 書

加藤 義信（編）（2008）．資料でわかる認知発達心理学入門　ひとなる書房

　豊富な図表を用いて，イメージや概念の発達に関する最新の知見がわかりやすく解説されている。良質な入門書である。

杉村 伸一郎・坂田 陽子（編）（2004）．実験で学ぶ発達心理学　ナカニシヤ出版

　認知発達を中心に，発達心理学の諸領域においてエポック・メイキングとなった研究論文が詳しく紹介されており，これによって当該研究領域の進展と成果を具体的に知ることができる。

臨床発達心理士認定運営機構（監修）（2018）．認知発達とその支援（講座・臨床発達心理学）　ミネルヴァ書房

　乳幼児から高齢者までの生涯にわたる適応支援を目指す臨床発達心理士の認定団体が，同資格の認定試験対策用に編纂したが，認知発達支援を学ぶ入門書としても優れた本である。記憶，認知，学力の発達に関する基礎理論を踏まえて，アセスメントと支援の方法を具体的に学ぶことができる。

創造性

ギルフォード（1967）は，思考を収束的思考と拡散的思考に分類した。収束的思考とは，1つしかない正解を導く際に必要となる思考のことであり，筋道立てて考え，可能性を絞っていくことが求められる。これに対して，多方面へ考えを拡げていく中で解答を探るのが拡散的思考であり，創造性検査などの問題が好例である。

私たちの日常生活では，収束的思考を用いる機会のほうが拡散的思考を用いる機会よりも多い。たとえば，学校で出題される試験問題や知能検査の多くは収束的思考力を測っており，その成績によって全般的な知能水準が評価されている。また人は，コンピュータのように大量の情報を瞬時に分類したり計算したりすることができるわけではない。効率的な処理を行うには，過去の成功体験をもとにして，問題解決のためのパターンをあらかじめ獲得しておくことが有効である。こうした理由から，知らず知らずのうちに収束的思考様式にとらわれてしまい，拡散的思考への切り替えがスムーズにできなくなっている。

ドゥンカー（1945）は，マッチ箱の中に押しピンとロウソクとマッチ棒を入れて実験参加者に渡し，これらを使って壁にロウソクを灯すように求めた。解答の一例は，マッチ箱を押しピンで壁に取りつけ燭台（しょくだい）として使うことであったが，多くの実験参加者がそれに気づくことができなかった。マッチ箱はマッチを入れておくための箱であり，そのマッチはロウソクに着火するためにあるのだとする固定観念にとらわれてしまったせいである。このように，通常の使い方にとらわれて別の発想が浮かばなくなることを，彼は機能的固着とよんだ。

さらに別の例をあげよう。ここに4つの数字がある。これらに対して四則演算（＋，－，×，÷）のみを使い，答えが10となる計算式をつくりたい。たとえば「1, 3, 5, 7」ならば，$1 - 3 + 5 + 7 = 10$ のようにである。数字のならび順は変えてもよいし，四則演算も同じものを何度使ってもよいが，各数字は1度しか使えない。また，計算式には優先順位を示す括弧を使ってもよい。な

るべく早く答えてほしい。

問1	4, 5, 8, 9	問2	2, 5, 6, 8
問3	1, 2, 6, 7	問4	1, 2, 4, 6
問5	2, 3, 4, 5	問6	1, 2, 3, 4

　どの問題もそれぞれの最大数に着目し，10にあといくつ足りないかを考えて，残りの3つの数字でその数をつくるようにすれば，簡単に答えを思いつくことができる（問5は2×5の式をつくるのでもよい）。では次はどうか。

問7	2, 2, 2, 2	問8	3, 3, 3, 3
問9	5, 5, 5, 5	問10	9, 9, 9, 9

　最後の問10を難しく感じた方が多かったのではないだろうか。問1から問9までは解き方が共通しており，これに依存してしまうと，問10に必要な新しい解決法への気づきが妨げられる（正答は各自考えてほしい）。過去の問題解決の経験から有効な解決方法や学習方法を学ぶことを「構え」というが，これも拡散的思考や創造的思考を困難にしている一要因である。

第5章

自我と自己
の発達

5.1 自我と自己

　「ほかの惑星の生物にでくわすなんて，そんなにありそうなことではない。……（中略）……けれども，あなたがあなた自身にでくわす，ということはあるかもしれない。ある晴れた日，あなたがあなた自身を全く新しく体験してはっとする，ということは。……（中略）……わたしはだれ？」
（ゴルデル（著）池田香代子（訳）『ソフィーの世界』（1995 年）p.28 日本放送出版協会より）

　あなたにもこのように，自分自身の存在を不可思議に感じたという体験があるだろうか。人は，自分というものについて内省的に考えることのできる，ほとんど唯一の動物である。

　主我と客我　私たちが自分自身について考え，知覚するときに，自分のうちに存在する「知る者としての自分」と「知られる者としての自分」の 2 つを，ミード（1934）はそれぞれ**主我**（I あるいは self as knower）と**客我**（me あるいは self as known）とよんだ。客我は，活動領域の数だけ存在すると考えられるが，身体や所有物などを自分の一部と感じる「物質的自己」，他者との関係の中で定義される「社会的自己」，性格や能力などを意味する「精神的自己」の 3 つに大きく分けることができる。こうした客我は，人の社会的な適応の結果としてつくられる。一方，適応のために能動的な活動を生み出しているのが主我である。主我を直接知ることはできないが，その行為が生み出した結果を客我として見ることで，私たちは主我の特徴に気づくことができる。そのため主我と客我は，おおよそ**自我**（ego）と**自己**（self）に相当するともいえる。すなわち，行動を生み出す精神の諸機能を統制している意識の主体を自我とよび，意識される対象としての自分自身を自己とすることが多い。しかし，両者の違いは必ずしも明確ではなく，学者・学説に

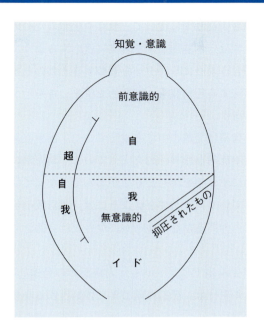

図 5.1　意識・無意識の体系とイド，自我，超自我の関係
（中西・鑪，1981，p.37 より一部改変）

よってその意味するところは異なる。たとえばフロイト，S.（娘のフロイト，A. と区別するためにしばしばこのように表記される）のように，自我を心の機能あるいは装置とみなす立場がある。

　　精神分析理論　　オーストリアの精神科医であったフロイト，S. は，神経症患者の診察を通して無意識の重要性を主張したことで知られる。彼は，神経症の原因を無意識に存在するコンプレックスであるとし，これを取り除くための治療法ならびに理論として**精神分析学**を提唱した。心の無意識領域には，**イド**（id），**自我**（ego），**超自我**（super-ego）という 3 つの装置が存在し（図 5.1），これらは互いに独自の機能を果たしている。それらのバランスによって人格的な特徴が生まれ，個人の行動が決定される。イドは，**リビド**

ー（libido）という本能的なエネルギーを生み出し，不快を避けて快を得ることを目的とする快楽原則に従って，生存や生殖のための欲望を実現しようとする。一方自我は，本能的欲求を現実に適応するように導く現実原則に従い，現実社会に合うようにリビドーを調整する。このとき，内在化された良心や道徳心を意味する超自我も，社会的な望ましさを示すことで，自我の判断に影響をおよぼす。

　こうした精神構造は発達の中で完成していく。出生直後にはイドだけが存在し，乳児期の本能的な精神活動を支えている。幼児期に入ると自我が形成され，欲しい物にすぐ手を出したり，がまんできなくて泣き叫んだりすることが少なくなっていく。そして3歳ごろには，超自我の形成とともに規範や常識が学習され，仲間遊びなどルールに従った社会的活動が可能になっていく。

　さらにイドが生み出すリビドーも，人格面での発達的特徴を決定づける。リビドーのエネルギーは，発達段階ごとに備給される身体部位が変化（口唇，肛門，男根，性器）し，ある段階での欲求が十分に満たされないと，リビドーがいつまでもその部位に振り向けられる（固着）ことになり，独自の人格傾向が生まれる。たとえば，乳児期は授乳のように唇を通して快感や情報を得ることが多い時期であるが，この時期への固着が生じると，依存的で甘えの強い口唇期性格となる。また，幼児期には母親への愛情と父親に対する敵意が生み出す**エディプス・コンプレックス**（Oedipus complex）を解消するために，男児は父親のように偉大になりたいと願い，父親の考え方や価値観，行動様式などを積極的に取り入れようとして，防衛機制の一種でもある父親との同一化（identification）が促進される（女児の場合に生じる同種のコンプレックスを，ユングはとくに「エレクトラ・コンプレックス」とよんだ）。この時期への固着を意味する男根期性格は，活動性の高さ，尊大さ，自己顕示欲や虚栄心の強さなどが特徴である。

　こうしたフロイト，S. の考えは，あまりにも奇抜で，当初はなかなか受け入れられなかったが，ユングやアドラーなどの仲間や娘のフロイト，A. を

はじめ，エリクソン，クライン，ホーナイ，サリヴァン，フロムなどの後継者が理論を独自に発展させ，現在における臨床心理学諸派の源となった。

子ども時代の自我と自己

5.2.1 身体の発見

　主我や客我は，いつごろ生まれるのであろうか。少し前まで，乳児は自他が未分化であるとされてきた。すなわち，自分自身をまわりの人や物とは異なる存在として認識できないと考えられていた。しかし最近では，乳児期のかなり早い段階から，自分の身体とそれ以外とを区別できることがわかっている。たとえば，生後3カ月ごろから，自分の手を目の前にかざして見つめる ハンド・リガード（hand regard）という現象が観察される。目の前に見えている手と，同時に生じる筋感覚とを一致させることで，自分の手であるとの気づきが生まれるのである。また，乳児はしばしば自分の手や足をさわったりなめたりするが（自己指向性行動），これも自分の身体をさわる指や口唇の感覚と，さわられる手や足の感覚を同時に経験することで，それらが自分に所属するものであるとの認識を育てることにつながる。こうして身体を通して，それを所有する自分自身という意識を持つようになる。

　やがて子どもは，自分がどういう顔つきや姿をしているのかも知るようになる。自己の見えに関するこうした認識の芽生えは，図5.2のようなルージュ・タスク（rouge task，マーク・テストともよばれる）によって調べることができる。子どもに気づかれないように鼻に口紅をつけ，しばらくしてから子どもを鏡の前に連れていく。もし，鏡に映った姿が自分自身であることを理解しており，鼻の汚れに気づけば，口紅がついている自分の鼻をさわろうとするだろう。ところが幼い子どもたちは，鏡映像自体をさわったり，後ろをのぞき込んだりして，鏡に映った姿が自分のものであることを理解しているようには見受けられない。1歳半ごろになって適切な行為のできる子どもが急激に増え始め，2歳をすぎると多くの子どもが当然のように鼻をさわ

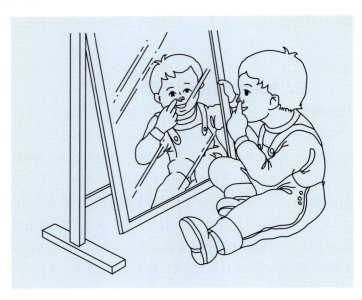

図 5.2　自己認識についてのルージュ・タスク
（Bremner，1994 より一部改変）

るようになる。

　3歳以降には，体つきから自身の性別に気づいたり，背の高さや髪の毛の長さなどの単純な身体的特徴を理解する。さらには，他者と比較して身体・運動能力を認識するなど，身体面での物質的自己の情報を蓄積し，精緻化していく。

5.2.2　関わりの中の自己

　自己理解の発達には，社会的経験を通した他者との関係性も重要である。生後6カ月ごろには，目の前にいる養育者が左右のいずれに視線や指を向けているかがわかり，その対象となっている物を注視することができる。これを**共同注意**（joint attention）という（表 5.1）。もちろん養育者が注意を向

5.2 子ども時代の自我と自己

段階	特　徴	時　期	行動の特徴
I	生態学的	生後 6 カ月頃	親が見ている方向に視線を向ける 注視範囲は視野内である 対象が 2 つあると視線を向けられない 対象によって正確さが変化する
II	幾何学的	生後 12 カ月頃	同一線上の 2 つの物を弁別できる 注視範囲は視野内である
III	表　象　的	生後 18 カ月頃	背後の対象の探索が可能 注視範囲は視野外に広がる

表 5.1　バターワースら（1991）による共同注意の発達

ける対象は物だけではなく，子ども自身であることも多い。そのため，注意が自分に向けられていることに気づき，自分自身を注意の対象とすることになる。こうした経験の蓄積が，乳児に主我の形成を促すことになる。また，共同注意を生み出す乳児，養育者，対象物からなる三項関係は，物を介して他者との間で意思や気持ちを共有する場であり，より確かに自他の違いを認識する機会を提供する。それはやがて，自他の持つ「こころ」というものを理解することになり，幼児期におけるこころの理論の獲得（第 6 章 6.2 参照）へといたることになる。

　もし，自己を育むべき対人関係が不適切であり，自己が脆弱なままであるならば，それ以後の発達過程においてさまざまな問題が危惧される。たとえばマーラーら（1973）は，養育者からの心理的な分離と個体化の過程が自己の形成に重要であるとし，分離・個体化が適切に行われることで，人は自己概念の安定性を獲得して，自分らしさの源となる中核的同一性（コア・アイデンティティ）を確立できると考えた。中核的同一性の形成が不十分であると，情緒不安定で依存性や衝動性の強い人格構造（**境界性人格障害**；borderline personality disorder）になりやすい。とくに，3 歳ごろの第 1 次反抗期と思春期の第 2 次反抗期は，分離・固体化による中核的同一性や自己同

一性の確立が行われる，重要な時期なのである。

一方，コフート（1971）は，自己と自己対象（養育者，とくに母親）の関係から自己の発達を論じた。子どもは，自己対象に自分を鏡のように映し出してもらい，受容される経験を通して，健康な野心や理想，有能感を発達させ，最適に機能できる自己愛に満ちた自己を形成していく。もし，自己対象が共感的に対応できないと，誇大で万能な理想的自己像に執着し，そのような誇大な自己を映し出してくれる理想的な自己対象を過剰に求める**自己愛性人格障害**（narcissistic personality disorder）が生じる。

このように，乳児期からの養育者を中心とする対人関係のありようは，自己の発達にとってきわめて重要な役割と意味を持っている。

5.2.3　自分を知る

自 己 概 念　人は自分自身のことをどのように認識しているのだろうか。ある者の**自己概念**について知るには，本人に自分について語ってもらうとよい。**WAI 法**（Who am I？法，二十答法ともよばれる）は，趣味や特技，長所・短所，願望など，自分に関することをなるべく多く（20 個ほど）自由に記述させ，どのような自己概念を持っているのかを調べる手法である（面談により同様のことを行うこともできる）。

それによると，幼児期には性別や氏名，際だった身体的特徴など，表面的で具体的な記述が多く，自己を肯定的に判断することが多い。児童期中ごろになると，より具体的なことばで自己を記述できるようになり，肯定的な側面だけでなく，否定的な側面も評価できるようになる。さらに青年期以降では，抽象的な表現が増加し，自分を他者と比較したり，より客観視して評価できるようになる。こうした変化には，ことばや認知能力の発達も影響しているため，ただちに自己概念の違いそのものであると結論づけることはできないが，一般的に自己概念は，具体的，外面的，主観的なものから，成長に伴ってより抽象的，内面的，客観的なものへと発達していくようである。

ある次元上で自分がどの位置にいるか（たとえば「努力家」であり，それ

表 5.2　　自尊感情質問項目の例
● 自分の発言にはほとんどの場合みんなが賛成してくれると思う。
● たいていの人がやれることは自分にも十分にできると思う。
● 異性に対して自分が魅力的であるかどうかが気になる。※
● 自分の容姿に自信をもっている。
● 大部分の人々にくらべて自分の方が劣っていると感じる。※
● 自分にはリーダーになれる能力があると思う。
● 運動会などで実力が発揮できないことがよくある。※
● 他の人は私と一緒にいることを好んでいると思う。
● 部活動などで良い成績を残せると思う。
● 失敗や小さなミスをいつまでもくよくよと考える方だ。※

(注)　樽木（1992）の自尊感情質問項目を参考に作成。
　　　　質問文に対する肯定（※は否定）が自尊感情を意味する。

ゆえに成功体験を多く持つ自分や，「嫌われ者」であり，周囲としばしばトラブルを経験する自分など）を明確に知覚している場合，自己概念は**セルフ・スキーマ**（self schema）とよばれる知識構造として組織化されている。このセルフ・スキーマは，自己に関わる情報の記憶や処理を促進する働きをする。

　自尊感情　　自己概念には，現実の自己のありよう（**現実自己**）だけでなく，自分はどうありたいのか（**理想自己**）なども含まれる。現実自己と理想自己との食い違いは，**セルフ・ディスクレパンシー**（self discrepancy）とよばれ，自分自身を評価する基準となるが，理想自己に比べて現実自己があまりに低いと，自己を否定的に評価する感情が生起し，**自尊感情**（self esteem）が低下する（**表 5.2** は自尊感情質問項目の例）。

　自尊感情の低い子どもは学校生活への不安が高いなど，自尊感情と学校適応感や問題行動との関連が指摘されている。また自尊感情は，健康な人格の形成や精神的健康にとっても重要であるとされる。自尊感情を高めるには，達成や成功の体験をできるだけ多く経験させ，自分自身を価値あるものと感

第 5 章　自我と自己の発達

じる自己効力感を高めることが大切である。さらに自尊感情は，成功体験だけでなく，子どもの周囲の重要な他者（親や友だちなど）との関わりによって左右される。そのため，子どもたちに対して温かい受容的な態度で接したり，適切な支援（ソーシャル・サポート；social support）のあり方を考えることも必要である。

5.3　青年期以降の自我と自己

5.3.1　エリクソンの心理社会的発達理論

　人は，子ども時代の中核的自己をもとに，「これでよい」という自己肯定感（self affirmation）や「これからもやっていける」という展望，「価値ある人間だ」という自己有能感（self competence），そして「こうした私が好きだ」という自己受容（self acceptance）などを高めていく。これらの感覚を統合した自己概念の総体は自己同一性（self identity）とよばれ，青年期以降に獲得される。なお，これに類似した自我同一性（ego identity）という用語は，主に自己同一性感覚を維持する主体的自我の機能を指す場合に用いられる。

　エリクソン（1959）は，フロイト，S. の心理・性的理論を基礎にしながらも，心理・社会的な次元をより重視し，独自の理論を展開した。それは，受精卵が定まったプログラムに従って分化していくように，自我発達も予定された成長プログラムに従って漸次進行することを意味する漸成図式（図5.3）を中核としている。乳児期から老年期までの生涯発達過程における中心的な発達課題として，自己同一性の達成が位置づけられ，8つの発達段階と8つの自我の特性とを，それぞれ横糸・縦糸として生み出されるマトリックスで描かれる。各自我の特性は，固有の時期（図5.3の対角線）に現れる心理・社会的危機（psychosocial crisis）としての発達課題を，順次解決していくことで獲得される。これらの発達課題は対概念として記述され，自我の特性のプラスとマイナスの力を意味している。それらが互いに対立すると同

5.3 青年期以降の自我と自己

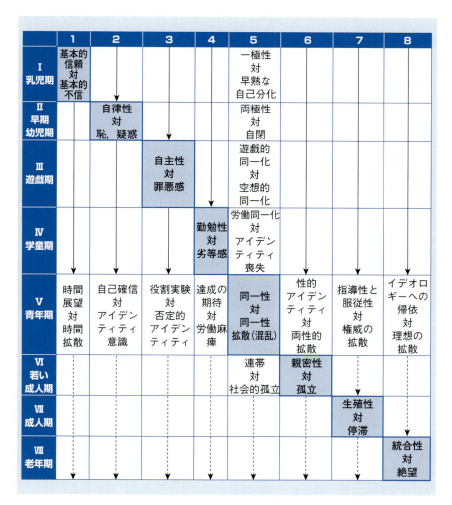

図 5.3　エリクソンによる心理・社会的発達の図式
（中西・三川, 1995, p.54 より一部改変）

時に，補い合って望ましいバランスをとることで，人格発達のための力強さが生まれる。したがって，発達課題の解決（危機の克服）には，プラスの力がマイナスの力を上回った状態でバランスをとることが重要となる。各段階の発達課題は次の通りである。

(1) 乳児期：基本的信頼 対 基本的不信（basic trust vs. basic mistrust）

人生最初の段階で，乳児は養育者との関わりを通して基本的信頼を獲得する。それは，まわりの人々や世の中，自分自身の能力に対する信頼感を意味する。基本的信頼の獲得は，後の自己同一性の達成にとって不可欠な基盤を提供する。

(2) 幼児期前半：自律性 対 恥・疑惑（autonomy vs. shame & doubt ）

自分が一個の人格であることに気づくことで，自己を統制することを学び，意思決定に伴う自律性の感覚が育まれる。しかし一方で，自分の意思によってなされた行為の失敗は，恥や疑惑の感情を引き起こす。

(3) 幼児期後半：自主性 対 罪悪感（initiative vs. guilt ）

エディプス・コンプレックス（第5章5.1を参照）が生じるころであり，親との積極的な同一化など，遊戯的な役割同一性が模索される。自発的，意欲的に物事に取り組み，自分の責任で決断することで自主性が育っていく。一方で，過度の冒険が失敗経験を生み出したときなど，罪悪感に苦しむことになる。

(4) 学童期：勤勉性 対 劣等感（industry vs. inferiority ）

学童期にはリビドー備給が潜伏期を迎え，子どもたちは目標に向かって一生懸命にがんばること（勤勉性）を覚える。努力の結果，周囲から承認されたり，自分の有能さを確認したりすることで，自尊感情が高まる。一方，努力できなかったり，望ましくない結果が続くと，劣等感にさいなまれる。

(5) 青年期：同一性 対 同一性拡散（identity vs. identity diffusion ）

これまで発達課題を解決して獲得してきた自我の諸要素をまとめ始め，同一性（アイデンティティ）の確立へと向かう。このとき，同一性を達成する努力が失われてしまうと，自身の役割の混乱をきたし，同一性拡散

（identity diffusion）とよばれる状態になる。その特徴は，孤立や時間展望・勤勉性の喪失，選択の回避などである。

　同一性達成への努力はなされているものの，比較的長期間にわたって未決定な状態が継続していることを，モラトリアム（moratorium）とよぶ。これは本来，天災や恐慌などの際に予想される金融の混乱を抑えるため，手形の決済や預金の払い戻しなどを政策的に一時猶予することを意味する経済用語であったが，エリクソンは，同一性達成のために社会的に認められた猶予期間，ならびにその状態を意味する用語として使った。しかし，長期の不適応なモラトリアムや，無気力状態を意味するアパシー（apathy）は，今日の学生の職業未決定や引きこもりの一因となっている。また，反社会的な価値を取り込んだ疎外的達成は，反社会的行為を生む恐れが指摘されている（同一性の達成にいたるさまざまな状態については「マーシアの同一性地位」（p.84）も参照）。

(6) 早期成人期：親密性 対 孤独（intimacy vs. isolation ）

　青年期に達成した同一性が，仕事や家庭生活の中で具現化される。とくに，同一性を達成した個人同士が真の親密性を形成すること，すなわち相手の個性を尊重した上で，互いに信頼し，協力し合う関係をつくり上げることが求められる。それができなければ人間関係は表面的なものとなり，孤独感や疎外感に悩まされる。

(7) 成人期：生殖性 対 停滞（generativity vs. stagnation ）

　生殖性とは，単に親となって自分の子どもを養育することだけを指すのではなく，次世代の育成に興味や関心を持ち，自分の人生をこの作業に投入することに喜びを感じることを意味する。それは，自分の人生が次世代の人生に引き継がれることである。これに失敗すれば，同一性の感覚は自分だけの中に閉ざされたものとなり，人生を傾倒してきたことにも停滞を感じる。

(8) 老年期：統合性 対 絶望（integrity vs. despair ）

　人生の最後には，自分が生きてきた一生を受容することが重要な課題となる。それは，これまでの同一性形成の過程をあるがままに受け入れ，統合す

ることである。それができなければ，自己嫌悪に陥ったり，残された時間の少なさから絶望感に襲われる。

このように，前の段階の課題達成は，次の段階のみならず，生涯にわたる発達全体に影響をおよぼすのである。

5.3.2 同一性達成と今日的課題

エリクソンが示したように，青年期はさまざまな領域において同一性を達成する時期である。中でも，職業的同一性の達成は，進路選択と深く関係する重要な課題である。高校や大学への進学に際しては，将来の生き方について多様な選択が可能であることを理解し，自己の能力・適性，興味・関心などを勘案しながら，主体的に進路を選択する必要がある。また，職業の決定においては，自己の生き方や価値観を見定め，自分自身で責任を負うことができる選択をすることが望まれる。いずれも，各自の「生き方」と深く関わり，将来的な自己実現の可能性にも絡むものである。そのため，十分に内省することなく，進学可能性だけで進路を決定するようなことがあれば，無目的入学や不本意入学という結果を招き，学業不振や不登校，留年や中途退学などに至る恐れがある。また，大学卒業者の3割が卒業後3年以内に早期離職している背景にも，その後の人生をいかに生きていきたいのか，そのためにはどのような職業を選択すべきかを見定めることが十分にできていないという，職業的同一性の未達成の問題が存在している。

スーパー（1957）は，進路選択に関わる発達が自己概念の発達でもあることを踏まえて，生涯を見通した職業的発達理論を提唱し，年齢ごとの発達段階とその特徴を示した。それによると，児童期前期までは，空想の中で職業的役割演技を行う空想期とされる。その後，自分の好みや能力に対する自覚が増すことで興味期と能力期を迎え，高等学校以降には自らに適した分野を見定めようとする探索段階に入っていく。この時期には，さまざまな条件を考慮しつつ暫定的な選択を繰り返す暫定期，現実と自己概念との整合を意識する移行期，特定分野への適性を試そうとする試行期へと発達が進むことで，

5.3 青年期以降の自我と自己

現実的な職業の選択が行われていく。以上のように，進路選択は職業的同一性達成の発達に支えられていることから，教育職員免許法においても，教職を目指す者は，進路指導の理論及び方法の学びの中で，キャリア教育に関する心理学的な知識をしっかりと身につけることが求められている。

進学・就職における不適応に加え，同一性達成に絡んで，近年注目を集めているのが，性的マイノリティの問題である。性に関する主な概念には，生物学的な性を意味するセックス（sex），社会や文化の中で作られる心理的な性を意味するジェンダー（gender），そして性的な指向性を意味するセクシュアリティ（sexuality）がある。また，男性あるいは女性はこうあるべきだという，社会が期待する行動規範のことを性役割（gender role）という。これらの間の不一致から，さまざまな悩みや生きづらさを感じる子どもたちが，全体の 5% 程度は存在すると考えられており，大きな社会問題になりつつある。こうした性的マイノリティは，そこに含まれるレズビアン（Lesbian），ゲイ（Gay），バイセクシャル（Bisexual），トランスジェンダー（Transgender）の頭文字をとって，一般に LGBT と総称される。

LGBT の子どもたちは，発達ならびに社会適応上の危機にさらされることが多い。たとえば，成長に伴って性自認や性志向が明確化すると，自らの内に大きな葛藤が生じるが，それを共有したり相談したりする場が少ないため，多くの者が強い孤立感を感じている。また，LGBT であることを表明することで，家族や友人などから，身体的・精神的な攻撃を受けてしまうケースもみられる。これらは，当事者の自尊感情を低下させ，性同一性の達成をさらに困難にするだけではなく，不登校や自傷・自殺行為にまで至ることがある。また，自由な職業選択が阻害されるなど，職業的同一性の達成にも負の影響を及ぼす恐れが指摘されている。こうしたことを防ぐために，文部科学省は2016 年に「性同一性障害や性的指向・性自認に係る，児童生徒に対するきめ細かな対応等の実施について」という対応指針を教員向けに出した。それにより，LGBT に対する社会の認知や対応が少しずつ変わりつつあるが，まだ十分とは言いがたい。LGBT の子どもたちを，特別の支援を必要とする幼

児，児童及び生徒の一人として教職科目に位置づけるとともに，教員となる者は自ら進んで正しい理解を身につける努力が必要だろう。

5.3.3 自己・自我の生涯発達

　成人してからの人生を，青年期までに達成した同一性のままですごすことは，ほとんどの場合困難である。体力や気力の衰え，仕事や家庭での挫折体験，出世や成功の限界，子どもの巣立ち，離職，死別などの出来事を契機に，人は新たな同一性の危機を体験する。多くの場合，それは，「自分の人生はこれでよかったのか」「自分のやりたいことは本当は何だったのか」という，生き方そのものについての問い直しであり，納得できる同一性をそのつど再構築する作業である。たとえば，人生の目標を達成するための時間が残り少なくなってきたことを感じ始めると，後悔の念や無力感，時には絶望感に襲われることもある。一方で中年期以降は，それまでの若い時代に比べて，危機に対処するための経済的・人的・知識的な豊かさを獲得しているという強みもある。これらの資源によって，環境をコントロールしたり，ソーシャル・サポートを多く引き出すことができる。その結果，いずれの目標に自分の限られた時間や能力などの資源を集中すべきかを考えたり，自分の人生の中では達成できそうもない目標について後進を育てることに努力を傾注するなど，生殖性や統合に関する発達課題の解決を目指すことになる。

　また，人格的な成熟という観点においても，成人期以降は重要な時期である。自我の生涯発達理論を構築したレヴィンジャーは，ピアジェが認知構造の変化を認知発達とみなしたように，自我発達とは自我の構造が変化していくことであるとした（Loevinger & Wessler, 1970）。そして，7つの自我発達段階を提案している（実際にはその間にさらに2つの移行段階が含まれる）。すなわち，安定した自我の意識がつくられていない前社会的・共生的段階から始まり，衝動によって支配される衝動的段階，自らを困難の外に置こうとする自己保護的段階，単純な仕方で世界をとらえる同調的段階，内在化された道徳感を持つ良心的段階，個性を強く感じて依存と独立に関心を持つ自律

> **表 5.3　レヴィンジャー理論に基づく自我発達段階検査**
> （渡部，1989 より抜粋）
>
> みんなが私を相手にしてくれない時，私は〈　　　　　〉と思う。
> 私は〈　　　　　〉ので，よく困ってしまう。
> 勉強するということは〈　　　（〜な）〉ことだと思う。
> 私の父のことを私は〈　　　　〉と思う。
> 母にひどくしかられた時，私は〈　　　　　〉と感じた。
> 私は〈　　　（〜な）〉人のことをかわいそうに思う。
> いらいらすると私はよく〈　　　（〜する）〉。
> 私は時々〈　　　（〜する）〉ことができればいいのにと思う。
> 私は欲しいものが手に入らないとき〈　　　　〉する。
> 〈　　　（〜した）〉時，私は悪いことをしてしまったと感じる。

的段階，そして葛藤が調和の方向へと乗り越えられていく統合的段階である。これらの段階が進むにつれて，環境への対処の仕方はより適切でかつ複雑なものになっていく。

　自我発達段階の測定には，表 5.3 に示したような文章完成法検査が用いられる。わが国で行われた調査では，成人期以降の各段階の分布割合が年齢に関わらずほぼ一定であった（図 5.4）。この結果から，成人期以降の自我発達が，必ずしもすべての者に約束されているわけではないことがわかる。また，高い自我段階にいたる者と比較的低い段階のまま停滞し続ける者との個人差が広がるのも，成人期以降の特徴である。これは，青年期までの概して一様な発達過程と異なり，成熟要因の影響が相対的に低くなる反面，社会的環境の差異が大きく影響するようになるからである。

　成人期以降の自己・自我発達に見られる個人差を生み出す要因の一つとして，困難な状況に対して柔軟に対応できる能力を意味する自我の**弾力性**（**レジリエンス**；resilience）という考え方が有効である。この弾力性は，環境要因を含めてダイナミックに発達をとらえようとする概念であり，自尊感情などのような個人内の特性だけではなく，周囲からの効果的な支援を獲得する

第5章 自我と自己の発達

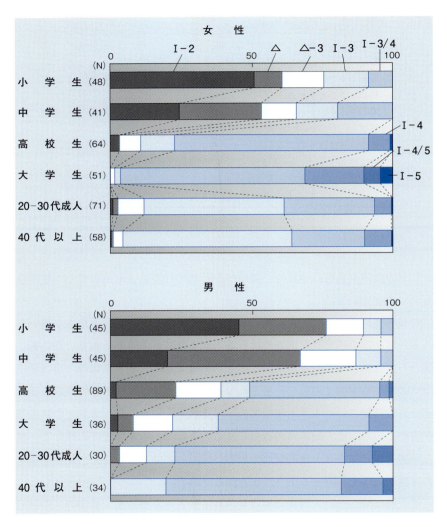

図 5.4　日本人男女の自我発達段階分布（渡部, 1989, p. 218 より）
Ⅰ-2, Ⅰ-3 などは自我発達の段階であり, 数字が大きくなるほど高い発達段階であることを意味する。

5.3 青年期以降の自我と自己

能力なども含んでいる。さらに，問題を生じさせるリスク要因と同時に，その影響を和らげる働きを持つ要因にも注目する。たとえば，問題の原因となるリスクを同様に負ったとしても，困難さにとらわれてうまく解決できず，孤立し，ますます深刻な状況に陥ってしまう者もいれば，上手に周囲からの支援を求めて対応策を見出すことができたり，さらにはこの経験から学びを得ることさえできる者もいるだろう。両者は，成人初期の発達段階が同じであったかもしれないが，弾力性の高い者は，逆境を糧としてより高い発達段階へと道を開くのである。

参 考 図 書

ブラウン，J．A．C．宇津木 保・大羽 蓁（訳）（1963）．フロイドの系譜――精神分析学の発展と問題点―― 誠信書房

　　（Brown, J. A. C. (1961). *Freud and the post-Freudians.* Pelican : London.）

　かなり古い本であるが，フロイトを引き継いだ弟子たちが精神分析学をどのように発展させようとしたのかが詳細に述べられており，現時点でも本書の価値は色あせない。臨床心理学領域に関心のある者は，ぜひ一読してほしい。

梶田 叡一（編）（2002）．自己意識研究の現在　ナカニシヤ出版
梶田 叡一（編）（2005）．自己意識研究の現在2　ナカニシヤ出版

　編者の主催する自己意識研究会によって編まれた，自己意識研究の最新成果を紹介した本である。自己意識についての研究がどこに向かおうとしているのかがよくわかる。

日本キャリア教育学会（編）（2008）．キャリア教育概説　東洋館出版社

　職業的同一性の達成は，キャリア教育における重要な概念の一つである。大学生にとって身近であるキャリア・ガイダンスやキャリア・カウンセリングとは何を意味するのか，職業選択のつまずきと支援はどうあるべきかなどについて，網羅的に学ぶことができる。

マーシアの同一性地位

　同一性の達成にいたる状況をとらえるには，マーシア（1966）による同一性地位（identity status）という考え方が有効である。同一性地位は，同一性の危機を体験しているかどうか（危機体験の有無）と，傾倒すべき対象を定められたか否か（傾倒の有無）の２つの基準にもとづいて決定され，同一性達成，モラトリアム，早期完了（foreclosure），同一性拡散の４つに類型化される。

　同一性達成の地位は，危機を体験した結果，自分なりの解答を見出している状態である。モラトリアムの地位は，今まさに危機を体験している最中であり，自分が傾倒できる対象を見つけ出そうと努力している状態を意味している。早期完了の地位とは，自分の生き方について危機を体験することなく，子ども時代からこれまでに，両親の期待や目標などを受けて形成してきた価値を，そのまま保持し続けている状態である。そして同一性拡散の地位は，危機を体験したかどうかに関わりなく，傾倒すべき対象をまったく持たず，自分の生き方がわからない状態をいう。

　基準となる危機体験の有無は，事実としての問題状況の有無で決まるのではない。心理・社会的な危機の事態は，私たちの日常生活の中に潜在的に多く存在しているが，それらを危機と認知するかどうかは人により異なる。そして危機とみなした場合，まずモラトリアムの状態に置かれることになり，危機の解決を模索する積極的な取り組みが始まる。その状態が続く限り，モラトリアムの地位にあるが，傾倒すべき対象を見出すことができれば，同一性達成の地位にいたることができる。一方，危機解決の努力を放棄してしまうと，同一性拡散の地位にいたる。また，危機的事態に際して安易な解決を選択したり，そもそも潜在的な危機状況を危機とみなさなかった場合には，早期完了の地位を選んだことになる。これは，心の安定を崩すことへの不安から否認の防衛機制が働き，周囲から与えられた安定した価値観や生き方にしがみつこうとすることである。あるいは，すでに危機を解決したと思い込み，もはや問題にしなくてもよいと考える場合もあるだろう。

　同一性地位が問われる領域として，マーシアは職業，宗教，政治をあげたが，ほかにも性や一般的価値観など，さまざまな領域で同一性達成に向けた同様の過程が進行する。そして，各領域でどのような同一性地位にあるかによって，全体的な自己同一性の達成度は異なることになる。結果として，すべての領域で最終的に同一性達成の地位へ到達するのが望ましいことではあるが，逆に，それ以外の地位が将来的に問題を生じる，望ましくない状態であると断じるのは極端すぎる。人生のある段階において，特定の領域では同一性達成の地位にいたらなくても，適度の達成感を得て全体として安定していれば，自己の安定的発達という観点からは妥当な選択であるといえる。その意味から，同一性達成の地位ばかりを絶対視すべきではない。

第**6**章

社会性の発達

6.1 親子関係と仲間関係

あなたはこれまで,親や兄弟,友人などと,どのような関係を築いてきたのだろうか。それは今のあなたに,どのような影響を与えているのだろうか。「人は社会的動物である」といわれるように,私たちは複雑な社会システムの中で,他者と関係を持ち,個々の役割を果たしながら生きている。そのような人間の発達にとって,生まれてから後の**社会化**（socialization）の過程は重要である。

乳児期の対人関係は,主に親を中心とする家族内に限られている。2～3カ月ごろに現れる**社会的微笑**は,家族内で早期に社会性が芽生えることを意味している。また,まわりからの語りかけに合わせて乳児が手足を動かしたり声を出したりする**エントレインメント**（entrainment）は,互いの行動が相手の行動を触発し,引き出すことであり,人は,すでにこの時期から積極的に周囲に働きかけてコミュニケーションをはかろうとする存在であることを示している。

また,親は多くのことを教えてくれるだけではなく,人生で最初に出会うもっとも重要な他者として,情緒的な絆を結び合う存在でもある。乳児は,常に養育者,とくに母親の側にいて,愛し愛されたいという欲求を持っている。この欲求は,睡眠や栄養摂取と同じく,生存に関わる**1次的欲求**であることが,ハーロウ（1962）によるアカゲザルの赤ちゃんを用いた実験から明らかにされた。彼は,母親ザルから引き離した赤ちゃんザルを独居ケージで飼育し,布製,もしくは針金製の母親模型のもとですごす時間を比較した。その結果,赤ちゃんザルは圧倒的に多くの時間を布製模型のもとですごし,それはたとえ針金製模型にだけ哺乳瓶が組み込まれていた場合にも変わらなかった（図6.1,図6.2）。すなわち,1次的欲求である栄養摂取を満たしてくれる哺乳瓶の魅力をしのぐほどに,布製模型が与えてくれる安心感は赤ちゃんザルにとって重要なものだったのである。

そのため,情緒的な絆を十分に形成できなかったり,一時的に断ち切られ

6.1 親子関係と仲間関係　　　　　　　　　　87

図 6.1　針金製母親（左）と布製母親（右）(Harlow & Mears, 1979)

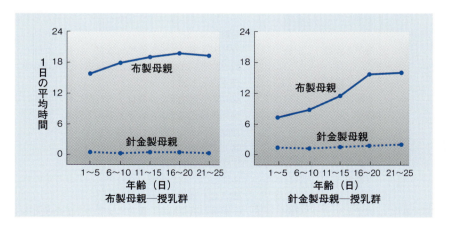

図 6.2　2つの違う授乳条件で育った子ザルの布製母親および針金製母親と過ごした時間
(Harlow & Mears, 1979)

てしまうことで**母性剥奪**（maternal deprivation）が生じると，激しい嘆きや絶望感，周囲への無関心，さらには心身の発達遅滞に陥ってしまうことがある。こうした現象は，**ホスピタリズム**（hospitalism）とよばれている。ホスピタリズムなどの発達上の問題に，親子関係が大きく関わっていることが広く認知されたのには，ボウルビィの功績が大きい。彼は，刷り込みに関する動物行動学的研究をふまえて，**愛着**（attachment）という概念を提唱した（ボウルビィ，1969；1973；1980）。愛着は，人の発達にとって欠くことのできない，良好な親子関係の基礎を与えてくれるものであり，人（あるいは動物）が特定の他者（他個体）に対して形成する情愛的な結びつきのことをいう。

　その後，ボウルビィの同僚であったエインスワース（1978）は，愛着形成

表 6.1　**新奇場面法の場面**（Ainsworth et al., 1978 より）

場面番号	登 場 者	持 続 時 間	行為の簡単な記述
1	母子と観察者	30 秒	観察者は母子を実験室に案内し退室する。
2	母子	3 分	子が探索する間は母は関わらない：必要なら 2 分経過後に遊びに誘う。
3	母子と女性	3 分	女性が入室。1 分：女性は沈黙。2 分：女性と母が交代。3 分：女性は子に接近。3 分経過後母がそっと出ていく。
4	女性と子	3 分以下 [a]	最初の分離場面。女性は子の行動に合わせる。
5	母子	3 分以上 [b]	最初の再会場面。母は子を迎えて慰め，次いで遊びに戻そうとする。それから「バイバイ」と言って退室する。
6	子のみ	3 分以下 [a]	2 回目の分離場面。
7	女性と子	3 分以下 [a]	2 回目の分離が継続。女性が入ってきて子の行動に合わせる。
8	母子	3 分	2 回目の再会場面。母が入ってきて子を迎え抱き上げる。しばらくして女性がそっと出て行く。

a：子の動揺が激しければ時間を短縮する。
b：子が遊びに戻るのに時間がかかるようであれば場面を延長する。

6.1 親子関係と仲間関係

の質を評価する手法を開発した。**新奇場面法**（strange situation；**表 6.1**）と
よばれるその手続きは，標準化された一連の新奇場面に子どもをさらし，そ
の際の反応を詳細に観察する。

　いくつかの場面での反応を組み合わせて判定することで，愛着は A，B，
C の 3 タイプに分類された（**表 6.2**）。A タイプの回避型は，母親がいなくな
っても母親との接近を求めないし，再会しても積極的に関わりを避ける。B
タイプは安定型とよばれ，母親を安全基地として用い，新奇場面でもくつろ
いでいることができる。母親がいなくなると泣いて探し，再会すると近寄っ
てなぐさめてもらう。そして，すぐに落ち着いて機嫌がよくなる。C タイプ
は，母親に対して矛盾する反応を示すアンビヴァレント型である。たとえば，
新奇場面では母親に対して過剰なくらいに接触を求めるが，再会場面では一

表 6.2　子の愛着の分類 (Waters, 1978 より)						
分類	説明	分類基準 [a]				
		接近の程度	接触の維持	接近回避	接触拒否	泣き
A（2 つの下位群）	不安定	低	低	高	低	低（分離前）高もしくは低（分離中）低（再会）
B（4 つの下位群）	安定	高	高（動揺しているなら）	低	低	低（分離前）高もしくは低（分離中）低（再会）
C（2 つの下位群）	アンビヴァレント	高	高（しばしば分離前）	低	高	たまに（分離前）高（分離中）中もしくは高（再会）

a：表 6.1 の再会場面 5 と 8 に基づく群全般の典型；下位群同士は非再会場面や，ある
程度は再会場面において異なっている。分類方法の詳細は Ainsworth ら（1978）を参照。

転して，接触を拒否したり，おもちゃを投げつけたりする抵抗が見られる。

　AタイプやCタイプなどのように，良好な愛着関係を形成できなかった子どもたちは，エリクソンが乳児期の発達課題とした基本的信頼を十分に獲得できない恐れがあり，その後の社会適応に問題を生じる可能性もある。ただし，主たる愛着対象とみなされがちである母親ばかりではなく，父親をはじめとする家族や，まわりの大人からのソーシャル・サポート，家庭外での出会い，本人の意思なども，子どもたちの発達に大きな影響をおよぼすため，簡単に結論を下すことはできない。むしろ肝心なのは，親子関係から形成される**内的作業モデル**（internal working model）である。内的作業モデルは，自分が価値ある存在であると感じ，そうした自分を他者も受容してくれるという確信を得るために不可欠なイメージモデルであり，生涯にわたる社会生活の中で，対人関係のありように指針を与えている。

　続く幼児期には，子どもを取り巻く社会的環境は，家族からしだいに近隣など，より広い範囲に拡大され，多様な人間関係から影響を受けるようになっていく。このとき，エリクソンのいう自律性や自主性の発達課題が順調に解決されていくことが大切である。一方で，親子関係が依然重要であることに変わりはない。親はしつけを通して，社会の規則や約束事を教え，社会生活のための基本的な技能を習得させていく。同時に子どもたちは，親の日常の振る舞いを見て，価値感や**社会的技能**（ソーシャル・スキル；social skill；**表6.3**）を観察学習していく。それは，異性の親の専有と同性の親との競争を意味するエディプス・コンプレックスやエレクトラ・コンプレックスが生じることによって，この時期に親との同一化が一層促進されるためでもある。

　児童期になると，友人との親密な人間関係を形成することに興味・関心が高まり，集団への所属欲求や仲間からの承認欲求も強くなっていく。とくに小学校高学年ごろは，**ギャング・エイジ**（gang age）とよばれる団結力の強い集団を作ることが特徴であり，親や教師よりも所属集団から大きな影響を受ける。それは同時に，社会的技能や規範，価値観などを学ぶ場でもあり，子どもたちの社会化は急速に進展していく。さらに，精神的にもますます親

6.2 他者理解

表 6.3 社会的技能の種類

カテゴリー	具体的な行動例
1. 基　　本	会話する，お礼を言う，自己紹介をする
2. 高　　度	指示する，参加する，謝る
3. 感情処理	感情表現を行う，他者の感情を理解する
4. 攻撃の代用	和解する，主張する，トラブルを処理する
5. ストレス処理	非難に対応する，失敗を処理する
6. 計　　画	目標を設定する，情報を収集する，集中する

から自立していくための重要な役割を果たしている。なお，ギャング（徒党）という比喩は，自分たちが認めた者しか仲間に受け入れず，仲間内では自己犠牲的な友情を要求するという特徴によるものである。そして青年期になると，一時的に権威や規範などに反抗を示すが，それらを受け入れた自己同一性を達成することで，安定した社会性を確立していくのである。

6.2 他者理解

役割取得　他者の考えや感情を推論することを他者理解という。他者理解を行うためには，他者が置かれている状況を正確に認知し，自身をその立場に置いて考えてみること，すなわち役割取得（role taking）が有効である。役割取得能力の有無は，短い物語を聞かせた後に，主人公の表情としてもっとも適当と思われる絵を選択させて調べることができる。その結果，2，3歳児でも正しい表情を選択することができ，単純な感情であれば幼児期初期から役割取得できることがわかっている。さらに複雑な理解を問うためには，図6.3のような一連の物語が用いられる。ここでは，主人公がある感情（悲しみ）を持つにいたった過程が示される（①～③）。次いで，そのような感情を喚起した理由について何も知らない第三者（郵便屋さん）が登場し

第 6 章 社会性の発達

図 6.3 役割取得課題の図版の例（渡部，1995，p.48 より）

（④），その者の視点から物語を解釈し直すように求められる（⑤）。この場合，「郵便屋さんは，『この子（主人公）がおもちゃを気に入らなかったから泣いているのだ』と思っている」のような理由づけができれば正解となり，「犬が死んで悲しかったことを思い出したから」のように，第三者が知るはずのない情報（犬の死）を含めた答えをしてしまうと不正解になる。

　　こころの理論　　こうした役割取得の前提として，人には「こころ」というものがあり，その中の信念（情報）や欲求が，意思や行動を生むことに気づく必要がある。「こころ」の働きに関するそのような知識や理解を，プレマックとウッドラフ（1978）はこころの理論（theory of mind）とよんだ。

6.2 他者理解

私たちのこころの働き方は基本的に共通しており，その一般的な仕組みを「理論」と表現したのである。相手がどのような信念を持ち，何を欲しているのかがわかれば，その者がどのように行動するのかを予測できるし，相手に誤った信念を与えることで，その行動を操作することも可能となる。

「こころの理論」の獲得時期は，誤った信念課題（false belief task）とよばれる問題を用いて調べることができる。ヴィマーとパーナー（1983）は，こころの理論が4歳を境に獲得されると主張した。そこではまず，次のような例話が示された。「マキシは，チョコレートが食器棚にあるのを知っている。マキシが留守中に，母はケーキづくりにチョコレートを使い，残りを冷蔵庫に戻した」。次いで，子どもたちに「戻ってきたマキシはチョコレートをどこに探すか」と質問してみた。すると5歳以降の子どもたちは，「食器棚を探す」と正しく答えることができた。しかし，3歳以前の子どもたちは「冷蔵庫を探す」と誤った。マキシの持つ情報（チョコレートは食器棚にある）が現実（冷蔵庫にある）と食い違っていることを意味する，マキシの「誤った信念」について理解できれば，彼の行動を正しく推測することができたはずである。しかし，幼い子どもたちは，チョコレートが食器棚にあるというマキシの誤った信念と，チョコレートは冷蔵庫に移されたという子ども自身が持つ正しい信念とを切り分けて考えることができなかったため，間違いを犯してしまったのである。

この研究に触発されて，いくつかの誤った信念課題が新たに考案され（図6.4 はその一例），子どもたちの発達が調べられたが，こころを制御する「理論」をどのようなものと考えるかによって，こころの理論が獲得される年齢については異なる主張がなされている。たとえば，他者の視線を理解する共同注意や，自分・他者・対象間に成立する三項関係などに，その端緒を見ることもできる。2歳ごろから現れるふり遊びや嘘をつく行為も，「こころ」に関する理解の進展を示している。嘘をつくことができるようになるには，人の行為がこころの働きから生まれるものであり，こころの中の信念を操作することで，行動も変えることができると理解していなければならない。こ

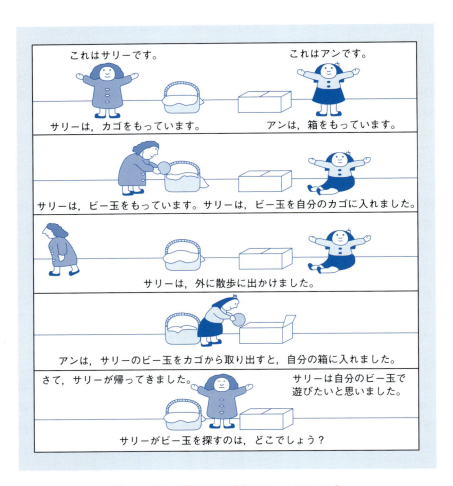

図6.4 誤った信念課題の例（Frith, 1989より）

のような例を根拠に，幼い子どもたちにもこころの理論を認めるべきだとする立場があり，現在でも論争が行われている。

また，誤った信念課題の通過年齢には，文化差が存在することも指摘されている。たとえば，日本の子どもは他者の信念を判断する課題で成績が低いことが明らかになっている。さらにバロン゠コーエンら（1985）は，自閉症児の多くが4歳をすぎても誤った信念課題に正答できないことを示した。こころの理論の有無だけで自閉症を説明するのは困難だが，自閉症とこころの理論を生み出す機構との関連についての指摘は重要である。

最近では，こころの理論の発達には「こころ」についての知識だけでなく，**抑制機能**（inhibition function）や**ワーキングメモリ**（**作動記憶**；working memory）などの実行機能の発達が不可欠であることがわかってきた。たとえば，ヴィマーとパーナーの誤った信念課題では，チョコレートが実際にある場所（冷蔵庫）と誤信念（食器棚）との，複数のイメージを保持しておくことができる程度の作動記憶容量が必要である。また，自分の中にある現実についての信念を抑制して，他者の中の誤った信念を活性化するために，抑制機能が必要とされる。こうした観点から，多くの有意義な実践や研究が生み出されつつある。

6.3　道徳性の発達

あなたは，どのような行為を善・悪と考えるだろうか。人によってその判断は分かれるだろう。**道徳性**とは何かについての視点や研究方法の違いから，その発達を説明する理論を大別すると，精神分析理論，社会的学習理論，認知理論の3つをあげることができる。

精神分析理論（第5章 5.1 参照）では，無意識の領域に存在する自我と超自我が道徳的判断の機能を持つと考える。とくに超自我は，社会的な判断基準そのものであり，親や教師の価値観などを取り入れながら，3歳ごろに現れてくる。自我は，超自我の判断を参考に，イドの本能的欲求と外界の状況

に対処すべく，独自の道徳的判断を下す役割を果たしている。

一方，**社会的学習理論**では，精神分析理論のような道徳的判断のための精神装置を想定しない。個々の道徳的判断は，観察学習などにより獲得された行動モデルに従うと考える。すなわち，親など尊敬する他者の行動を観察することで，その判断基準や規範・価値観を手に入れるのである。

こうした精神分析理論や社会的学習理論では，親や社会の規範の取り込みによる部分が相対的に大きく，最終的に意思決定を行う子ども自身の役割が十分に考慮されていない点で魅力に欠ける。また，それぞれの文化や社会に特有の法律や規範を乗り越えて，より普遍的な価値を求めるには，個人の中での創造的な道徳性の確立が必要となるだろう。

認知理論では，そうした普遍的で理想的な判断基準の獲得に向けて，どのように内面的な変化が生じるのかを説明しようとする。ピアジェ（1956）は，次のような例話を3～11歳までの子どもに聞かせて，過失ということについての判断を求めた。「A君は，お母さんのお手伝いをしようとしてお皿を拭いて，うっかりと手をすべらせて10枚のお皿を割ってしまった。一方B君は，戸棚のお菓子をこっそりとつまみ食いしようとして，お皿を1枚落として割ってしまった。さて，どちらの子がより悪いだろうか」。この問いに対して，小学校入学前後の年齢を境として，それより前はA君のほうが悪いという判断が多く，それ以後ではB君のほうが悪いという判断が多くなる傾向にあった。

A君が悪いと考えるのは，結果を重視した判断（「他律的判断」とも表現される）であり，B君が悪いと考えるのはむしろ動機を重視した考え方（「自律的判断」とも表現される）である。後者の判断をした子どもたちも，結果を考慮しなかったわけではなく，結果と動機の両方の観点を考え合わせたときに，動機をより重視したということである。それに対して，幼児期の子どもたちは，ピアジェの発達段階における前操作期の特徴が示すとおり，結果か動機かの1つの観点しか考慮することができず，たいていの場合はより目立った特徴である結果を重視する。その意味で，道徳性の発達も，認知

6.3 道徳性の発達

発達を基盤としながら進むのである。

コールバーグ（1976）の道徳性発達理論は，ピアジェの考えを取り入れながら，社会性や人格の発達を含むより包括的な理論へと発展させたものである。彼は，以下のような道徳的ジレンマを含んだ例話を聞かせて，その答えから道徳性の発達段階を分析した。さて，あなたの判断はどうだろうか。

「一人の重病の女性がいた。ある薬があれば，その女性を助けることができるかもしれない。その薬は，同じ街の薬剤師が最近開発したものである。薬剤師はそれを，開発費用の10倍で売ることにした。病気の女性の夫であるハインツは，お金を借りるために知人すべてをまわったが，薬代の半分しか集めることができなかった。ハインツは，妻が死にそうであり，薬代をもっと安くしてくれるように，あるいは後払いにしてくれるように薬剤師に頼んだ。しかし薬剤師は断った。ハインツは絶望的になり，妻のためにその薬を盗もうとして，薬剤師の店に押し入った。ハインツはそうすべきだったのか否か。それはなぜだろうか」。

実は，ハインツの行為に対する賛否はどちらでもよく，そう判断した理由が基準に沿って評定される（**表6.4** 参照）。ここでは，自分なりの判断基準を持つようになることが肝要である。また，他者理解に加えて，社会的規範や人道的価値なども考慮に入れた，より高次の判断をできることが望ましい。そうした判断基準の発達に伴い，支配的な他者の罰を恐れる段階から，普遍的な論理や原理にもとづく個人的良心が形成される段階までの，6つの段階が存在するとされている。このうち高次の段階は，子ども時代に達成されてしまうのではなく，生涯にわたって追い求めるべき道徳性の理想を示している。その意味において，道徳性の生涯発達理論であるともいえる。

ピアジェやコールバーグのような認知的な道徳性発達理論では，道徳的な問題について考え，解決しようとする際に，背景にある多様な要因を考慮し，高次の観点から一貫した理念に沿ってとらえることができる能力を重視して

いる。そのため，多くの一般的な発達理論との親和性があり，日常の教育活動に対し適用可能性も高いことから，現時点でもっとも妥当な考え方であるといえるだろう。

表6.4			ハインツの例話への反応例（渡部，1995，pp.22-23より）
水準	段階	賛否	反　応
前慣習的	第1	賛成	もし妻を死なせたら，彼（ハインツ）は困ったことになる。妻を救うためにお金を使わなかったと非難され，彼と薬屋は取り調べを受けるだろう。
		反対	盗んだら捕まって刑務所に入れられるので，盗むべきではない。もし逃げても，警察が捕まえに来るのではないかと，いつもびくびくするだろう。
	第2	賛成	もし捕まっても，薬を返せばそれほど重い刑は受けなくてすむ。少しの間くらい刑務所にいても，出てきたときに妻がいるならよいではないか。
		反対	薬を盗んでもそれほど刑期は長くない。しかし，彼が刑務所を出る前に，妻は死ぬでしょう。もし妻が死んでも，彼は自分を責めてはいけない。妻が癌にかかったのは彼のせいではないのだから。
慣習的	第3	賛成	薬を盗んでも誰も悪いとは思わない。しかし，盗まなかったら，家族の人は彼を"人でなし"だと思うでしょう。妻を死なせたら，二度と人の顔をまともに見ることができなくなる。
		反対	彼が犯人だと思うのは，薬屋だけではない。みんながそう思う。盗んだ後で，自分が，家族や自分自身にどんなに不名誉なことをしたのかを考えて嫌になる。二度と人に顔を合わせられなくなる。

6.3 道徳性の発達

水準	段階	賛否	反 応
慣習的	第4	賛成	彼に誇りがあれば，妻を助けるためにすることのできる唯一のことをするのが恐ろしいからといって，妻を死なせたりはしないでしょう。妻に対する義務を果たさないなら，彼女を死なせたことに対して罪の意識をもち続けるだろう。
		反対	死にものぐるいになっているから，薬を盗んでいるときは，悪いことをしていると気づかないかもしれない。しかし罰を受け，刑務所に入ってから自分が悪いことをしたとわかるでしょう。そして，自分の不誠実さと法を犯したことに対して，いつも罪の意識を感じることになる。
原理的	第5	賛成	薬を盗まないと，他の人からの尊敬を失い，取り戻すことができない。妻を死なせたとしたらそれは恐れからであって，よく考えてのことではない。その結果，彼は自尊心を失い，たぶん他の人からの尊敬も失うでしょう。
		反対	地域社会における自分の地位と尊敬を失うことになり，法を破ることにもなる。感情に押し流されて長い目でみることを忘れれば，自尊心も失うことになるだろう。
	第6	賛成	薬を盗まないで妻を死なせたら，後々そのことで自分を責めることになるでしょう。盗んでも非難されないでしょうし，法の目の届かないところで生活すればよい。しかし盗まないと，自分の良心の規範に従って生きられないだろう。
		反対	薬を盗んでも他の人から非難されることはないが，自分の良心と正直さという規範に従わなかったことで，自分自身を責めることになる。

表6.4 ハインツの例話への反応例（つづき）（渡部，1995，pp.22-23より）

参考図書

数井 みゆき・遠藤 利彦〔編著〕(2005). アタッチメント──生涯にわたる絆 ── ミネルヴァ書房

　愛着研究の主要な理論と発展を網羅し，考察した良書。内的作業モデルが親子関係および生涯発達にどのように関わっているのかがよくわかる。

日本道徳性心理学研究会〔編著〕(1992). 道徳性心理学──道徳教育のための心理学── 北大路書房

　日本道徳性心理学研究会により主要な道徳性の発達理論が紹介されている。精神分析学，認知発達理論，社会的学習理論，社会心理学理論，人格理論のそれぞれで，道徳性の発達についてどのように説明が異なるのかがよくわかる。

子安 増生・郷式 徹〔編〕(2016). 心の理論──第2世代の研究へ── 新曜社

　日本では1990年ごろに始まった「こころの理論」研究は，誤った信念の理解をめぐる基礎的な検討段階を経て，「こころ」とは何かについて広く・深く迫ろうとする新たな段階に入った。そうした「こころ」についての最新の発達研究を知ることができる刺激的な一冊である。

第7章

性格と適応

7.1 性格形成

　あなたはどのような性格だろうか。のんき，社交的，怒りっぽい……。人の性格は百人百様である。そうしたパーソナリティへの興味・関心は，すでに古代ギリシャ時代からあった。人格を意味する**パーソナリティ**（personality）という用語も，その語源はラテン語のペルソナ（persona）に由来している。このことばは，ギリシャの劇場で用いられた仮面を意味し，そこから転じて役者が演じる役割を指し，さらにその役者である人そのものを指すようになった。一方，類似したことばとしてよく用いられる**性格**は，キャラクター（character）の訳語であり，その語源はギリシャ語の「刻み込まれたもの」にある。ただし，パーソナリティに比べてキャラクターのほうが，本来高潔さなどの価値を含むことばであったのだが，これらの概念がわが国に導入された際の混乱により，日本語としてはより価値を含む人格がパーソナリティの訳語とされてしまっている。しかし今日では，人格と性格，あるいは気質（temperament）や個性（individuality）などの用語を厳密に区別せずに使用しているため，本書でも広義の意味で性格という用語を用いて代表させることにする。

　類型論と特性論　性格のとらえ方については，大別すると類型論と特性論の2つが用いられてきた。**類型論**とは，いろいろな性格をある基準に従って分類し，いくつかのタイプにまとめたものである。たとえばクレッチマー（1944）は，精神病患者の体型の違いに注目し，躁鬱質（肥満型），分裂質（細長型），粘着気質（闘士型）の分類を行っている（**図7.1**，**図7.2**）。またユング（1921）は，心理的な基準で分類を行い，心の関心が向かう方向によって，内向型と外向型の2類型に区別した。このように，性格を類型化してとらえることは，それぞれの型をイメージしたり比較したりすることを容易にしてくれる。その反面，類型論で性格のすべての側面を表現することは難しい。また，ある個人を類型の範疇で理解しようとすると，どうしてもあてはまらない側面が生じてくる。さらに，いずれの類型にも属さない中間型が

7.1 性格形成

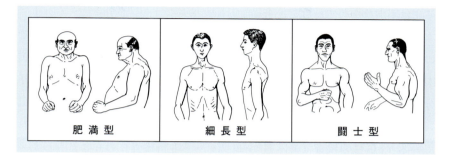

図7.1 3つの体格型 (Kretschmer, 1925)

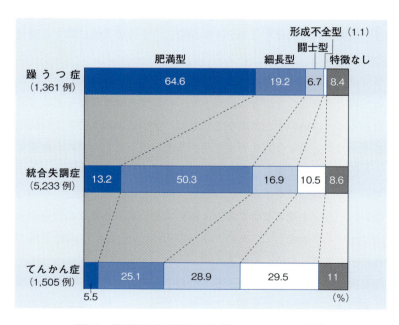

図7.2 精神病と体格型の分布 (Kretschmer, 1925)

無視されてしまうという傾向もある。類型論は，性格の際だった特徴を取り上げて全体像を理解するのには適しているが，細部にわたって性格を分析するには不向きなのである。

　これに対して，行動傾向の集積として表されるまとまりを特性とよび，その量的な差異を組み合わせて性格を記述しようとする**特性論**は，個々人の実際の性格の特徴をより正確にとらえることができる。多くの研究者が，因子分析法を用いたさまざまな特性分類を提案している。代表的なものとしては，16PF 人格検査を開発したキャッテルの理論や，わが国でもっとも用いられている **Y−G 性格検査**（矢田部−ギルフォード性格検査）のもととなったギルフォードの理論，さらには特性論と類型論をつなぐ性格の四層構造を考えたアイゼンクの理論などがある。近年では，ゴールドバーグ（1981）やマックレアとコスタ（1987）がビッグ・ファイブ（神経症傾向，外向性，開放性，調和性，誠実性）とよばれるモデルを提唱し，その妥当性に関する研究が多く行われている。

　性格形成に影響する諸要因　　性格も，遺伝あるいは環境のいずれか一方によって決定されるのではなく，双方からの影響を受けながら形成されていく。たとえば，性格の土台ともなる気質は，遺伝による影響を比較的強く受ける。ドーパミン第4受容体の遺伝子の特徴が新奇性追求傾向と関連することなどがそのよい例である。しかし，たとえ新奇性追求傾向の強い遺伝子を持っていても，適切に育てられれば注意欠陥などの問題行動につながることは少ない。一方，不適切な育て方だと極めて高い新奇性追求傾向を示しやすい（ポスナーら，2007）。このように，遺伝的な土台の上に環境要因が加わって性格が形成されていくのである。

　環境要因の中では，家庭環境，とくに親子関係のあり方が大きな影響力を持つ。成長後の人間関係に影響する**愛着**の質のほか，親の**養育態度**が子どもの性格に影響することが知られている。サイモンズ（1939）は，親の養育態度を「支配—服従」ならびに「保護—拒否」という2軸の組合せによってとらえ，干渉，甘やかし，残忍，無関心の4つに分類した。そして，親が干渉

しすぎると子どもは依存的になり，甘やかしすぎると反抗的になるとしている。

ただし養育態度は，親の気質や性格だけで一義的に決まるわけではない。子どもの気質に対する親の受け取り方の違いによっても，養育態度は異なってくる。たとえば，過度に神経質であるなど，扱いにくい子どもの親は子育てが大変であると感じやすく，そのため子どもに適切な応答をすることが難しくなる。ただし，扱いにくい子どもであっても，そうした特徴に対して親が受容的であったり，周囲からの支援に恵まれていたりすると，余裕のある子育てが可能になる。このように，養育態度をはじめとする家庭環境は，親や子どもの気質や性格によってだけではなく，親子相互のやりとりやより広い社会的環境の中で決まるのである。

こうして形成される人の性格傾向は，発達のある時点において一貫性が見られ，それが個性を生み出すのであるが，一方で状況の要因を無視することもできない。状況をどのように認知したかによって，その時々の振る舞い方は変わる。この意味において性格とは，個人が環境に適応しようとする際の行動傾向を意味するともいえる。

7.2 適応と適応機制

私たちは，食事や排泄，睡眠などに対する生理的欲求と，承認，支配，所属，愛情などを求める社会的欲求を持つ。マズローは，これらの欲求（生理的欲求，安全欲求，所属と愛情の欲求，自尊欲求，**自己実現**（self realization）欲求など）が階層構造をなしていると考えた（第 8 章 8.1 参照）。そして，低次の欲求が満たされてはじめて高次の欲求が現れるとしている。人は，これらを適宜満足させながら，まわりの環境と調和しようとしている。この過程が**適応**（adaptation）である。

しかし，欲求充足のために取り除かねばならない障害が大きすぎると，十分に欲求を満たすことができず，ストレスや欲求不満を感じる。欲求不満に

耐える力（**欲求不満耐性**：frustration tolerance）は，適当な欲求不満を経験することで育っていく。さらに，欲求不満の状態が生じたからといって，必ずしも不適応な行動をとるわけではない。さまざまな欲求不満を経験することにより，それを乗り越える技能を身につけることが大切である。また，同時に2つ，あるいはそれ以上の欲求に挟まれたりすると，人は**葛藤**（conflict）状態に置かれる。レヴィンは葛藤場面を，2つの正の誘因に挟まれる接近—接近型，逆に2つの負の誘因に挟まれる回避—回避型，そして一つの目標が正と負の誘因を同時に持つ接近—回避型の3つに分類している。しかし現実場面では，多くの目標が同時に存在し，その間の誘因もより複雑であったりする。そのため，とるべき行動を決定するまで長期間のストレスにさらされ，欲求不満が高まって，ついには心身の機能に支障をきたすことも少なくない。

　こうした状態にさらされ続けることは，私たちにとって苦痛である。そのような心理的ストレスを和らげるために，人は何らかの自己調節を行おうとする。この働きを**適応機制**（adjustment mechanism）という（**表7.1**）。それは，ストレスが生み出す極端な自信の喪失や人格の破壊を未然に防ぐために，自己を防衛しようとする働きでもあることから，**防衛機制**（defense mechanism）ともよばれる。この種のメカニズムのうち未熟なもののいくつかは，とりあえず心を安定させる効果がある反面，本来の問題を直視せず，欲求をゆがめたまま処理するという危険な側面も持っている。したがって，用いる適応機制のバランスをうまくとることができないと，現実場面から逃避してばかりであったり，間違った方向へ努力を傾注したりと，かえって不適応を引き起こすことにもなりかねない。自我の発達こそが，そうした適応機制の成熟を導いてくれるのである。

　適応機制は，たいていの場合，無意識下で実行される。これに対して，ストレスを低減するために意識的に行われる行動を，**対処行動**（coping behavior）とよぶことがある。ラザルスとフォルクマン（1984）は，ストレス状況に対する評価と，それにもとづいて選択された対処行動の違いによっ

7.2 適応と適応機制

表7.1 代表的な適応機制	
抑 圧	不安や苦痛などを伴う感情や衝動を意識に上らせないように，無意識の世界に押し留めておこうとする。
攻 撃	欲求不満の原因となっている人や物に対して，直接的に攻撃を加える。嫉妬や皮肉などの間接的な攻撃の形をとることもある。
逃 避	つらい経験や不安によって自分が傷つくことを避けるために，困難な場面や事態から身を引き，安全な環境に逃げ込むことを言う。発達段階を逆戻りする退行もこれに含まれる。
合 理 化	自分の能力や努力の足りなさを正当化するために，一見合理的にみえる理屈をつけて不安や緊張を解消しようとする。
置き換え	ある対象に向けられるべき感情や態度を，別の対象に置き換えて不満や緊張を解消しようとする。八つ当たりが好例。
投 射	自分が持つ好ましくない感情や欲求を，あたかも相手が自分に持っているかのように考え，責任転嫁して心の安定を図ろうとする。
同 一 化	自分より優れた人と自分を同一にみなし，優越感を得ようとする。
反動形成	自分の持つ欲求や感情を正反対の形で表現することで，他者から自分の気持ちを隠そうとする。
補 償	欲求不満や劣等感の代償として，優れた能力や才能を伸ばすことに力を注ごうとする。
昇 華	社会的に承認されない，あるいは満たされない欲望や感情を，社会的価値の高い目標に置き換えて実現しようとする。

て，同じ出来事であってもストレス反応が異なると考えた。たとえば，約束を一方的にキャンセルされたことに対して，自分が軽んじられたからだと思えば，攻撃的に反応して評価を回復させようとするかもしれないが，相手の事情に汲むべき点があると思えば，ストレスをさほど感じなくてもすむだろう。このことは，適応行動が自我の発達だけにではなく，その者の認知的ス

108　　　　　　　　　　第 7 章　性格と適応

タイルにも影響されることを示している。

7.3　性格をとらえる

　人の性格を知るには，面接や観察によって理解する方法と，性格検査を用いて調べる方法とがある。

　面接法とは，対象者と面談し，会話や行動などを通して性格を診断しようとする方法で，情報収集に重点を置き質問項目をあらかじめ定めて行う調査面接や，質問項目を定めずに対象者の全体像を探ろうとする観察面接，対象者に対して受容的・共感的態度で接しようとする相談面接などがある。

　また**観察法**とは，対象者の行動を観察してその資料を分析することで，性格を診断しようとする方法である。その際，日ごろの行動をありのままに観察する自然観察法と，ある一定の刺激を与えてその影響を観察する実験観察法がある。

　性格検査には，大別して 3 つの種類（質問紙法，作業検査法，投影法）がある。

　質問紙法は，診断しようとする性格の特徴を現す質問項目を複数設定し，それらへの回答結果を分析することで性格を診断する。この方法は，実施が簡便であり，集団に対しても適用でき，さらに結果の処理と解釈も容易であるなどの長所から，もっとも広く用いられている。その反面，回答に作為や意図が加わりやすいという欠点がある。質問紙法の代表的なものとしては，わが国でもっとも広く利用されている Y–G 性格検査（**図 7.3**）や，550 の質問項目からなるミネソタ多面人格目録検査（MMPI）などがある。

　作業検査法は，簡単な作業を課し，その工程や結果から性格を診断しようとする方法で，数字や図形を刺激としているために，被検査者に検査の目的を見破られにくく，回答にひずみが生じにくい。その反面，特定の作業を通して診断を行うことから，性格全体をとらえることが難しいという欠点がある。また，質問紙法に比べて診断が困難であることも問題点である。作業検

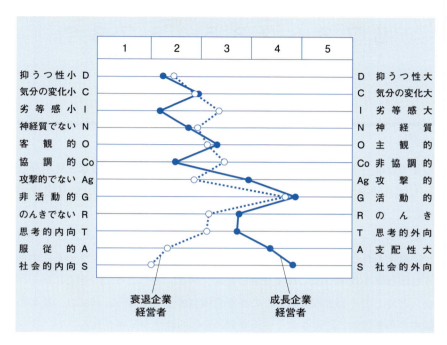

図 7.3　Y–G 性格検査の性格特性と研究例（辻岡，1965；中井，1978）

査法の代表的なものとしては，設定した時間内に 1 桁の数字の足し算をなるべくたくさん行うことを求める内田・クレペリン精神作業検査（図 7.4）や，図形を模倣させるベンダー・ゲシュタルト・テストなどがある。

　投影法は，あいまいな刺激を解釈させて，その違いから性格を診断しようとする方法である。望ましい答えが一義的に定まらないことから，作為や防衛が介入しにくく，客観的でより心の深層にある欲求や葛藤を明らかにできるという長所がある。しかし，出現する反応が極めて多様であり，検査時の被検査者の行動観察も重要な資料となるため，適切に解釈を行えるようにな

図7.4　内田・クレペリン精神作業検査の実施例

るまでには，十分な研修と臨床経験が必要である。代表的な投影法性格検査として，ロールシャッハ・テスト，TAT（主題統覚検査），文章完成法（SCT），P-Fスタディ，バウム・テストなどがある。

　ロールシャッハ・テストは，その名の通りロールシャッハによって1921年に考案された検査である。偶然につくられた左右対称なインクのしみのような図版を1枚ずつ順に被検査者に見せ，何が，どのように，どこに見えたか，どうしてそのように見えたのかを自由に答えてもらう。回答は，複数の観点から多面的に評定され，被検査者の全体的性格が記述される。

　TATは，マレーが考案したもので，図7.5のようなあいまいな場面を描いた20枚の絵を示し，起承転結を含む物語をつくるように求める。その内容から，とくに被検査者の願望や葛藤の特徴を探る検査である。

　文章完成法では，文章の一部を提示し，欠けている部分を自由に補って，文章全体を完成するように指示する。自己概念をはじめとして，対人的態度や自己評価など，さまざまな観点を評定するための手法が提案されている。

　P-Fスタディは，ローゼンツワイクが1944年に発表した。人が欲求不満を感じやすい場面を描いた線画（Picture）を用いて，欲求不満（Frustration）事態に対する反応様式の違い——自己防衛の仕方や攻撃の方向など——を見る検査であることからこの名でよばれる。24場面が用意されている。

　バウム・テストはコッホが考案したもので，樹木もしくは実のなる木を，与えられた用紙に自由に描くように指示される。描かれた枝や葉の形状，根

図 7.5　TAT（Thematic Apperception Test：主題統覚検査）の模擬図版

や幹の様子，実の数，さらにはそれを紙面上のどの位置にどのくらいの大きさで描いたかなどを分析し，性格の諸相について診断できるとされる。

　このほかに，バーン（1974；1989）の交流分析理論にもとづいて開発されたエゴグラムでは，CP（批判的），NP（養護的），A（大人），FC（自由な子ども），AC（順応した子ども）の 5 つの自我のバランスから自我状態を診断できる。またホランドは，現実的，研究的，芸術的，社会的，企業的，慣習的の 6 つの職業適性類型からなる SDS（職業適性自己診断テスト）を開発している。さらにマックレアとコスタも，自ら提唱したビッグ・ファイブ・モデルにもとづいた性格検査（NEO-PI-R）を作成している。

　このように性格検査は多様であり，各々の特徴も異なるため，どれを使用すべきかは簡単には決められない。人の性格ならびに行動傾向は，状況に応じて変わることがよくあるし，成長に伴って変化することもあるため，被検査者の属性（年齢や性別など），検査目的（選抜のため，性格特徴を知るためなど），検査状況（集団・個別実施，強制・自由参加など）などに合わせ

て，もっともふさわしい検査を選ぶ必要があるからだ。もし，入社試験で選抜目的にY-G性格検査を課せば，被検査者は自分をよく見せようとし，情緒的に安定し，社会的にも適応しており，なおかつ活動的であることを意味するD類の判定が増えることが予想されるだろう。これでは，選抜という目的を十分に果たすことができない。検査者は，状況をふまえて検査を選ぶことが大切なのはもちろん，使用する検査について十分な知識と経験を持っていなければ，正しい診断を下すことができない。

7.4 情緒の発達

　性格とは，環境に適応しようとする際の行動傾向であるが，先天的に持って生まれた行動傾向を意味する気質も，その後の性格形成に影響する。では，気質は性格とどのように結びつくのであろうか。バスとプロミン（1984）は，気質を発達初期に現れる生得的な性格特性と考えた。そして，後の性格と連続性を持つ気質の次元として，負の情動をどの程度表すかという情動性，動作の早さや活発さを意味する活動性，そして他者とどの程度の関わりを持とうとするかという社会性の3つを取り上げている。

　ここで情動性として負の面のみがあげられたのは，出生時において乳児は快・不快の感情を経験するのみで，喜怒哀楽といった個々の感情は後に分化すると考えたブリッジス（1932）の理論（図7.6）に依拠しているからである。ブリッジスは，新生児の未分化な生理的興奮状態から，まず不快な感情が分化し，続いて快の感情が見られるようになると考えた。その後，不快から怒りや嫌悪，恐れが分化し，やや遅れて快の感情から愛情や得意さが分化する。そして，20カ月ごろには喜びも表出されるようになり，5歳ごろになると成人が持つ大部分の感情が分化するとした。

　しかし近年は，ブリッジスが考えたよりも早くに，赤ちゃんは分化した情緒を経験している可能性が指摘されている。たとえば，ジョンソンら（1982）が乳児を持つ母親たちにインタビューしたところ，大多数が，1カ

7.4 情緒の発達

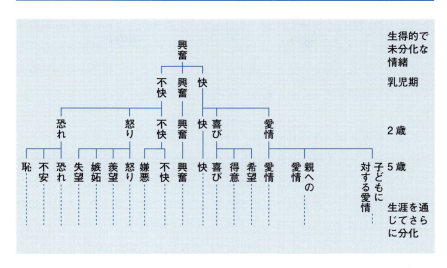

図 7.6 ブリッジスによる感情の発達的分化（Bridges, 1932 より）

月児でも怒り，関心，喜びなどの感情があると答えた。また，1 カ月児の腕を無理やり押さえつけたときに，怒りの表情が表れたという報告もある（キャンポスら，1983）。もちろん，幼い乳児の感情の有無は，その表情などからは正確に判定しがたく，この種の報告については，主観的判断が介入している可能性があることに十分注意しなければならない。

むしろ重要なのは，感情発達を社会的発達や認知発達などとの多面的なつながりから考えていくことである。バレットとキャンポス（1987）は，感情に 3 つの異なる相が存在するとした。そして，嫌悪や恐れなど原始的感情を意味する第 1 相を除いた，残りの第 2 相と第 3 相では，感情が個人の目標を達成し，社会的相互作用を統制するための手段として働くと考えた。たとえば，お腹を空かせた子どもに食べ物を与えると正の感情反応を引き出せるだろうが，遊びに熱中している子どもからは負の反応が返るだろう。また，恥ずかしさやねたみは，社会的評価を受けることによってはじめて経験される。

第7章　性格と適応

子どもたちにまわりの環境をより深く理解させることで，認知発達も，感情発達との間に密接な関連を持つ。たとえば，生後8カ月ごろに見られる見知らぬ人に対して示される恐れの感情は，「8カ月不安」として知られる。これは乳児が，人に対する知覚と理解を発達させたことで，相手が見知らぬ人であることを認識することができ，その者に恐れの焦点を当てたことを意味する。

　さらにキャンポスら（1983）は，社会的に適切な感情が，**社会的参照**とよばれる行為によって学習されることを指摘している。たとえば，母親が乳児に示す感情が，乳児の性によって異なることが報告されている。女児が怒りを示したときには，母親は怒りの表情で反応することが多いが，男児の場合には眉をひそめて同情を示すことが多かった（マラテスタとハヴィランド，1982）。これによって，怒りは女性よりも男性においてより許容されるという，文化的な規範に応じた情緒表出の性差が生み出されている可能性がある。このように，社会的経験の中で分化し，意味づけられた感情は，その表出としての行動傾向に影響し，性格を形づくっていくのである。

　なお近年は，脳科学や遺伝子工学の進展に伴い，感情や性格に関わる脳部位や気質に関連する遺伝子を探る研究が盛んに行われている。感情の源については，古くは末梢に起こる生理的・身体的変化にあるとしたジェイムズ（1884）やランゲ（1885）の末梢起源説が注目を集めた時代もあった。

　しかし，キャノン（1927）やバード（1928）が，動物実験からそれに異を唱える中枢起源説を発表して以降は，視床下部とそれを制御する大脳辺縁系——とくに扁桃体——が深く関わっているとされる（図7.7）。また，分化した感情認知と行動生起には，前頭前野の関与も指摘されている。さらに遺伝子レベルでは，ドーパミン第4受容体に関与する遺伝子と新奇性追求傾向や注意欠陥・多動性障害（ADHD）（第13章13.3.2参照）との関連が注目されているが，これらについては，性格に影響する一因と考えるのが妥当であろう。今後の発展が期待される分野である。

7.4 情緒の発達

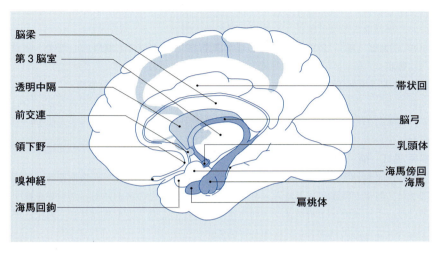

図 7.7　大脳辺縁系を構成する組織（馬場，2009，p. 37，図 16 より）

参考図書

小塩 真司（2010）．はじめて学ぶパーソナリティ心理学——個性をめぐる冒険
　　　—— ミネルヴァ書房

　性格とは何か，性格検査の仕組みは，性格はどのように形成されるのか，などについて平易なことばで解説した性格心理学の入門書。

小杉 正太郎（編）（2006）．朝倉心理学講座19　ストレスと健康の心理学　朝倉
　　書店

鈴木 直人（編）（2007）．朝倉心理学講座10　感情心理学　朝倉書店

　前者は，ストレス，コーピング，ソーシャル・サポート，社会的技能などについて，後者は感情と認知，健康，文化などとの関係ならびにそのメカニズムについて紹介している。

松原 達哉（編）（2013）．臨床心理アセスメント　丸善出版

　わが国においてよく使用されている心理テスト（発達・知能・人格検査等）が網羅され，特徴が簡潔にまとめられていることから，各自の目的にあった検査を探すのに役立つ。また，アセスメントの方法や心理統計の考え方も概説され，臨床心理アセスメントの入門書としても適している。

第**8**章

学習意欲と
動機づけ

8.1 学習動機と外発・内発的動機づけ

8.1.1 学習動機と欲求の階層構造

　人間は，さまざまな欲求を持っている。食欲などの生理的欲求，人を愛したり，人から愛されたいという愛情の欲求や，金銭を多く手に入れたいという金銭の欲求などである。これらの欲求を満たすために人間に行動を起こさせ，目標に向かわせるのが，動機である。その中で学習に直接関わる動機を学習動機とよんでいる。その主なものは，

①活動の動機……何らかの，主として身体的活動をしたいという気持ち。

②探索・新奇性の動機……新しいことや変わったことを経験してみたいという気持ち。

③達成の動機……困難な仕事をうまくやりとげて，成功したいという気持ち。

④承認の動機……人からよく思われたり，認められたいという気持ち。

⑤所属の動機……友だちと一緒に行動したり，集団に参加したいという気持ち。

⑥優越の動機……人と争って，人の上に立ちたいという気持ち。

⑦不安の動機……学習場面や対人関係などで不安を感じ，それを避けようとする気持ち。

などである。同じ学習活動をしていても，どの学習動機にもとづいて活動しているかは，子どもによって異なるのである。

　マズロー（1962）は，図8.1 に示したように欲求の階層構造を提案している。この階層性が意味することは，ピラミッド構造の最下層の欲求が満たされないと，それより上層の欲求にもとづく動機は生じないということである。このことは，教育的に意義のある示唆を含んでいる。たとえば，食欲という生理的欲求が満足されていない子どもには，知識を得たいという知識の欲求が生じていないので，知的な刺激によって動機づけを高めようとしても無駄ということである。また，クラスメートから仲間はずれにされている児童・生徒は，所属の欲求が満たされていないので，やはり知識の欲求は生まれて

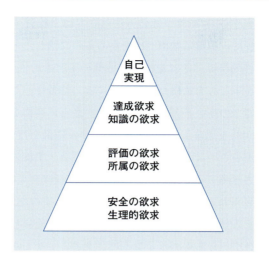

図 8.1 欲求の階層構造（Maslow, 1962）

こない。このように，学習活動を動機づけるためには，この階層構造の下層に位置する欲求から順に充足させていかなければならない。したがって，学習者がどの欲求による動機を持っているかを十分に把握することが必要である。

8.1.2 外発的動機づけ

よく勉強をしている児童・生徒を見て，きっと学ぶことが好きなのであろうと考えるのは早計である。成績が悪いと親に叱られるので，叱られないために勉強しているのかもしれないし，成績がよかったら，何かを買ってくれると親が約束をしたから勉強しているのかもしれない。このように，本人が今，学んでいることに関して興味や関心を持っているからではなく，本人の外側の影響，たとえば親や教師によって，勉強しようという気持ちを持たされてから学習しているという場合が多い。これを，**外発的動機づけ**（extrinsic motivation）による学習とよんでいる。

称賛・叱責　外発的動機づけの方法としては，**称賛・叱責**（言語的賞罰）がある。一般に，**称賛**は動機づけを高めるのに適した方法であるといわれているが，その効果は，それを受け取る側の子どもの性格や能力による。とくに，内向的な子どもを動機づけるためには，称賛は適した手段であるといえる。また，能力の高い子どもにとっては，さらに自信を高められる。反対に，**叱責**は外向的な児童・生徒には動機づけの効果を持つ場合もあるが，概してその効果が小さい。とくに，能力の低い児童・生徒にとっては，ますます自信をなくさせることになり，かえって動機づけを下げることになる。また，男女差も見られ，一般に男子は叱られても効果のある場合があるが，女子の場合にはその効果はわずかで，むしろほめられたほうが動機づけが高まる。称賛・叱責を与える際のポイントは，タイミングであり，できるだけ早く与えることが肝要である。そうでなければ，なぜ，ほめられているのか，叱られているのかがわからず，動機づけの効果が減少する。次に大切なことは，称賛・叱責の内容を具体的に示すことである。子どもが，どこがほめられたのか，どこが叱られたのかがわかるように，できるだけ具体的にほめたり，叱ったりしなければならない。

　称賛と比較して，叱責の動機づけの効果は少なく，感情的なしこりが残るようなことも多い。しかし，親や教師にはどうしても叱らなければならない場面もあるわけで，叱責する際にはとくに注意が必要である。叱るときには，その本人を責めるようになり，感情がむきだしになりやすい。そのため，子どものやる気がなくなってしまう可能性も高い。したがって，できるだけ叱責を与えない指導の方法を工夫することが必要である。

　ただし，称賛・叱責が学習者以外の誰かに与えられるのを見るだけでも動機づけの効果があることが知られている。セクレスト（1963）は，子どもをペアにしてパズルをさせる場面を設定し，一方の子どもが直接ほめられたり，叱られたりしなくても，他方の子どもがほめられたり，叱られたりすることによって間接的に影響を受けるという現象を見出した。これを**暗黙の強化**

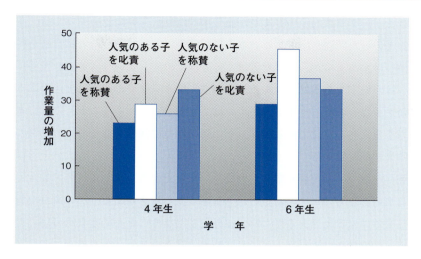

図 8.2　暗黙の強化（Sugimura, 1965）

(implicit reinforcement) とよんでいる。杉村（1965）は、クラスで人気のある子を称賛する条件・叱責する条件、人気のない子を称賛する条件・叱責する条件の4条件を設け、これらの子ども以外のクラスの子どもに対する暗黙の強化の効果を検討した。図 8.2 は作業の増加量を示しており、その量が大きいほど成績がよいことを示している。両学年ともに人気のある子を称賛した場合にもっとも成績が悪く、人気のある子を叱責した場合には、成績がよくなっており、この傾向は6年生でより大きい。この結果から示唆されることは、勉強のできる子どもをほめると、ほかの子どもはやる気がなくなり、反対に、叱るとやる気が出てくるということである。教師は、勉強のよくできる子どもをほめる機会がどうしても多くなるが、それが度を超すとほかの子どものやる気をなくすことに留意しなくてはならない。

競　争　クラスの中で競争させることによって、動機づけを高めるという方法がある。競争には、個人間の競争とグループ間の競争とがある。個

人間の競争のほうが動機づけの効果は高いといわれているが，これを多用しすぎると，クラス内のまとまりがなくなったり，互いに思いやりを持てなくなるといった問題が出てくる。さらに，競争によって勝った者は自信を持ち，動機づけが高まるが，負けた者は「自分はだめだ」という劣等感を持ち，動機づけが低下する危険性もある。その点，グループでの競争は上述のような問題が少ないので，うまく工夫すれば，有効な方法となる。とくに，日本は協力を重んじる文化であるので，個人間の競争に匹敵するくらいの動機づけの効果が期待できる。

報酬　学習者が望ましい成果を上げたとき，それに対して学習者の好む形のあるもの，いわゆるごほうびを与える場合がある。このような報酬を与えるのは容易であるが，容易に与えてしまうことへの批判も多い。たとえば，学習者の結果に対して一旦報酬が与えられると，次の機会に報酬が与えられない状況になったときにかえって動機づけが低下し，実際の成績も悪くなることがある。したがって，報酬による動機づけを乱用すると，学習者である子どもにとってそれを得ることだけが目的となり，その結果，できるだけ努力しないでもっとも大きい報酬を得ようとすることになる。

　速水（1986）は，称賛，競争，報酬による動機づけを，学習者から見た成功の見込みに関連させて比較した。図8.3には，内発的動機づけの場合をつけ加えて比較できるようにしてある。称賛の場合は，子どもの関心は，称賛を得ようというところにあるので，成功の見込みに関係なく動機づけの水準は一定に保たれる。競争の場合には，人より優れていることを示し，自信を持ちたいという気持ちに動機づけられるので，成功の見込みが高いかもしくは低いときに動機づけが高まる。というのは，成功の見込みが高いときは失敗の心配がなく，低いときには誰もが失敗するのでかえって気が楽であるため，自信を失うことがないからである。一方，成功の見込みが中程度のときには，失敗すれば自信を失うことになるので，もっとも動機づけが低下する。最後に，報酬の場合は，学習者は報酬を得ることに関心があるので，成功の見込みが高くなればなるほど動機づけも高まるという関係になる。

8.1 学習動機と外発・内発的動機づけ　　　123

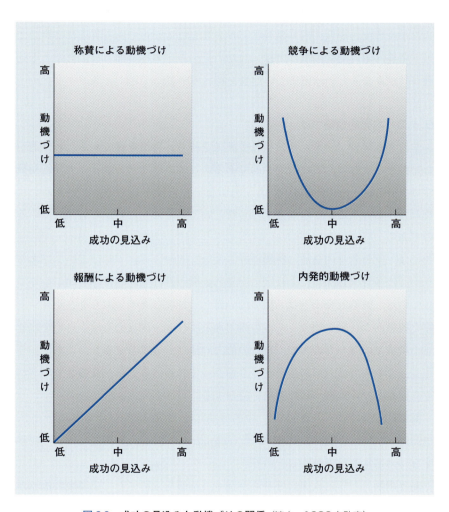

図 8.3　成功の見込みと動機づけの関係（速水，1986を改変）

動機づけは，学習者の能力の向上を目指したものでなければならないという意味からいえば，これらの3つの動機づけは，望ましくない。というのは，能力の向上には，自分の能力から考えてやや難しい課題，すなわち成功の見込みが中程度の課題に取り組むことが必要となるからである。それに対して，以下に述べる内発的動機づけは，成功の見込みが中程度のときにもっとも動機づけが高まるという望ましい性質を持っている。

8.1.3 内発的動機づけ

学習者が学習すべき対象に対して興味を持ち，目標を達成するための適切な行動をとれれば，これは理想的である。このような学習者は，**内発的動機づけ**（intrinsic motivation）により適切な学習行動をしているといえる。すなわち，おもしろいから勉強する，新しいことを知りたいから勉強しているのである。

では，学習者を内発的に動機づけるには，どのようにすればよいのであろうか。波多野（1980）によれば，内発的動機づけは知的好奇心と向上心でできている。**知的好奇心**とは，環境内の新しい対象に興味・関心を抱かせ，人間を積極的な行動に駆り立てるものである。一方，**向上心**とは，自分を取り巻く環境との関わりの中で，自分の能力の伸びを追求させるものである。そして，この両者は人間に生まれつき備わっている。以下に，この2つのそれぞれにもとづく動機づけの方法を紹介する。

認知的動機づけ　これは，知的好奇心による動機づけである。下山（1985）によれば，**認知的動機づけ**（cognitive motivation）理論には以下に示す3つの基本的前提があるという。

①高等動物，とくに人間は好奇心が強く，情報を求めてたえず環境に働きかけている。

②情報処理には，もっとも快適と感じられる最適水準があり，この水準を維持しようとするホメオスタシス的な傾向がある。

③認知に不調和が生じると，それを解消しようとして情報収集活動が引き起

8.1 学習動機と外発・内発的動機づけ

こされる。

この3つの前提から，人間を新しい対象に対して生じた好奇心を解消しようと積極的に活動する存在であると位置づけることができる。

速水（1986）は，子どもの蓄積している知識や先行経験を利用し，新しい教材とのズレに気づかせることによって驚きや矛盾を感じさせ，知的好奇心を喚起させる方法を示している。ただし，この方法を用いる場合には，認知の不調和の前提に関わる重要な事柄に留意する必要がある。

第1の留意点は，不調和の大きさと動機づけの関係である。図8.4には，不調和の程度（学習者の知識と新しい情報のズレの大きさ）と動機づけの関係が示されている。この図からわかることは，動機づけを高めるのに最適な不調和の程度があるということである。すなわち，学習者自身の持つ知識と新しい情報が大きくずれている場合には，驚きや矛盾は喚起されないので動機づけは低くなるが，そのズレが最適の場合には，動機づけがもっとも高ま

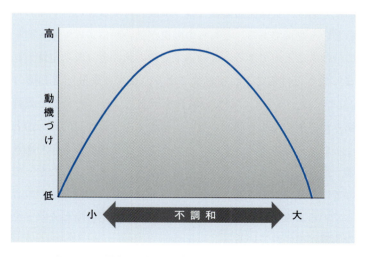

図8.4　**不調和と認知的動機づけの関係**（下山，1985）

126 第8章 学習意欲と動機づけ

るのである。したがって，最適なズレを引き起こす情報を学習者に与えることが大切であり，そのためには，学習者の知識，経験などを十分に知っていることが必要なのである。

第2の留意点は，不調和（驚きや矛盾）を解消したという成功経験である。不調和が解消できないという失敗を繰り返していると，徐々に知的好奇心が弱まり，動機づけの低下を招く。一方，解消できたという成功経験を持つことによって，解消のための努力がより一層動機づけられる。それゆえ，不調和を引き起こす教材を工夫するだけでなく，その解消がうまくなされるように援助することも大切である。

達成動機づけ　向上心は，ある課題に対してそれをうまくやりとげようとする動機，すなわち**達成動機**に近いものである。アトキンソン（1964）によれば，達成動機づけ（achievement motivation）の強さ（課題を達成しようというやる気の強さ）が，個人に内在する成功追求動機，および失敗回避動機の強さによって規定される。

成功追求動機とは，課題をうまくこなし，目標を達成したい，成功したいという動機であり，**失敗回避動機**とは，失敗に対する恐れ，すなわち失敗したくないという動機である。どちらの動機が強いかによって，人間を2つのタイプに分けることができる。成功追求動機の強い者（成功定位型）は，課題をうまく成しとげることに積極的であり，反対に失敗回避動機の強い者（失敗定位型）は，うまくいかない場合を予測し，その恐れから課題に対する取り組みが消極的になる傾向が強い。学校での学習の目的も，前者はよい成績をとって，自分の有能さを示すというような積極的なものであり，後者は，無事，進級したいというような消極的なものである。したがって，成功定位型の者は自分に対して高い評価をするのに対し，失敗定位型の者は低い評価をしているとも考えられよう。図8.5には成功定位型と失敗定位型の動機づけの曲線が描かれている。

課題の困難度との関係から考えると，成功定位型の者は，成功の見込み，すなわち課題の困難度が中程度のときにもっとも動機づけが強く，積極的に

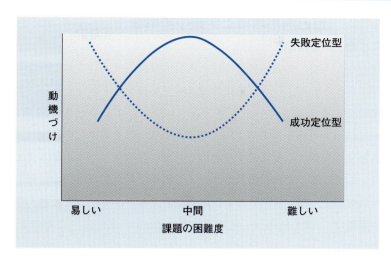

図 8.5　成功定位型と失敗定位型の動機づけのパターン（豊田，2008）

取り組む。一方，失敗定位型の者は極端に難しいかあるいはやさしい課題に対して動機づけが強い。というのは，課題が困難な場合にはほかの多くの者もできないので，それほど不快感を持たずにすむし，やさしい場合には失敗する恐れがないからである。

このように，成功追求動機は達成動機づけを高めるのに促進的に作用し，失敗回避動機は抑制的に作用する。したがって，成功追求動機を育てることが重要であり，そのためには学習活動に限らず，自分で何か課題を成しとげたという喜びを経験させることが必要であろう。その一方で，失敗回避動機を弱めていくことも必要である。失敗回避動機の強い者は，かつて失敗をまわりの人々からひどく非難され，自尊心を傷つけられた経験を持っている。したがって，失敗してもまわりに温かく受けとめてもらえると思えるような雰囲気づくりが大切であろう。

8.2 自己決定理論と学習の統制感

8.2.1 自己決定理論

上述したような，外発的動機づけと内発的動機づけという対立的な見方で動機づけをとらえるよりも，自律性によって動機づけを区分する見方が提唱されている。それが，デシとライアン（1985）による**自己決定理論**（self-determination theory）である。そこでは，動機づけを自律性の程度（活動自体が価値を持つ程度）を反映する動機（活動の理由）による調整スタイルとして区分している。これらの調整スタイルの中で代表的なものが，外的調整，取り入れ的調整，同一化調整および内的調整である。

外的調整は，「親や教師から勉強しなさいといわれるから」などのように，勉強という活動それ自体には価値を認めていないが，叱責などの外的な要因によって動機づけされている。それゆえ，上述した外発的動機づけに対応するものである。**取り入れ的調整**は，「友だちに負けたくないから」などのように，他者と比較することで自己の価値を維持しようとするものである。その意味では勉強するという活動の価値を認めている。**同一化調整**は，「自分のためになるから」などのように，活動することの価値を認めており，上述した達成動機づけに対応する。そして，**内的調整**は，「おもしろいから」というように，活動そのものの価値を全面的に認めた動機づけであり，上述の認知的動機づけに対応する。

従来は内発的動機づけとしての内的調整が注目されたが，最近では同一化調整に対応する達成動機づけが重視されてきている。

8.2.2 自己効力感

バンデューラ（1977）は，行動を行い，その行動がある結果を生む際，行動に対する期待（効力期待）と結果に対する期待（結果期待）を区別して扱っている。たとえば，ある子どもがテストの問題を解く場合，「解けそうだ」と期待するのが効力期待であり，「90点取れる」と考えるのが結果期待であ

8.2 自己決定理論と学習の統制感

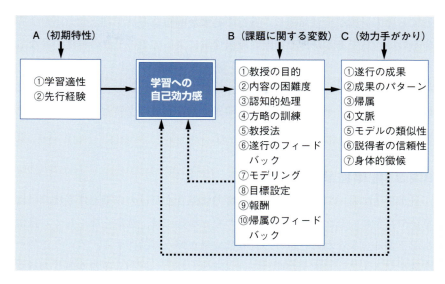

図 8.6　**自己効力感モデル**（Schunk, 1984；北尾, 1991）

る。**自己効力感**（self-efficacy）とは効力期待を意味しており，ある結果を生み出すために必要な行動をどの程度うまく行うことができるかという個人の自信のようなものである。

　シャンク（1981）は，自己効力感を高める訓練によって，子どもの算数の成績が上昇することを示している。ある教科の学習には，その教科に関する能力も影響するが，自己効力感の影響も大きい。そのため自己効力感を向上させることが重要である。図 8.6 には，自己効力感に影響する要因のモデルが示されている。自己効力感を高める上で，重要なのは教授法である。わかりやすい教材の配列を工夫したり，十分な時間をとることによって「できるかもしれない」という気持ちがわき，自己効力感が高まる。また，目標設定も大切である。目標は抽象的なものよりも具体的なもの，容易なものよりも困難なもの，そして，遠い目標よりも近い目標のほうが自分の学習の進歩が

わかりやすいので自己効力感が高まる。さらに，効力手がかりの中では，後述する原因帰属が重要である。遂行の結果が成功ならば，自己効力感が上昇するのは当然であるが，その際の原因帰属によってその上昇の程度が異なる。たとえば，成功した場合に最初は，「がんばったから」というように努力に帰属しているのに対し，徐々に「自分に能力があったから」という能力帰属に移行してくる。そして，この能力帰属に依存して自己効力感が増していくのである。

8.2.3 随伴経験

　日常生活において，自分が行った努力に見合うだけの成果を伴う場合には意欲や自信につながるが，成果を伴わない場合には，意欲をなくして，自信も低下する。すなわち，自分の行動に成果が伴う（随伴する）という認識が意欲を引き起こし，成果が伴わない（随伴しない）という認識が無気力感を引き起こすとされる。このように，自分の行動に成果が随伴する，しないという随伴性の認識が自己効力感に重要な役割を果たしているのである。

　牧ら（2003）は，中学生を対象にして，随伴性と非随伴性の認識を調査した。そこでは，随伴経験（自分の行った努力によって，成果を得たという経験，例：「友人のために自分のできることをしてあげたら，とても喜んでくれた」）と非随伴経験（自分の努力によって成果を得られなかったという経験，例：「友だちのためを思ってしたことが，逆に誤解された」）が測定され，自己効力感の得点との関係が調べられた。その結果，随伴経験が多いと感じている者は自己効力感が高く，非随伴経験が多いと感じている者は自己効力感が低かったのである。したがって，児童・生徒の自己効力感を育成するためには，本人の努力が成果につながった経験をさせることが重要であり，そのための教育活動や授業内容の工夫が必要なのである。また，非随伴経験を少なくする点にも留意しなければならない。

8.3 学習と原因帰属

8.3.1 原因帰属

　原因帰属（causal attribution）とは，行為の結果（成功または失敗）の原因を何に求めるかということである。たとえば，テストでよい点をとったのは，自分が頑張ったからと思うかもしれないし，悪い点をとったのは，テストが難しかったからと思うかもしれない。ワイナー（1979）は，表 8.1 に示すように，3 つの次元でいくつかの原因を分類している。

　第 1 の次元は，原因がその人の内部にあるのか，外部にあるのかという，「内的—外的」の次元である。たとえば，成功したときの原因を内的な自分の能力に帰属する場合には，そこに誇りの感情が生じ，失敗を能力に帰属する場合には，恥の感情が生じる。反対に成功を外的な運に帰属すると誇りの感情は生じないし，失敗を運に帰属しても恥ずかしいとは思わない。このように，この次元は自尊感情に関わっている。第 2 の次元は，その原因が時間的に安定（時間経過とともに変化が少ない）か不安定（時間経過に伴う変化が大きい）かという，「安定—不安定」の次元である。たとえば，成功の原因を安定した能力に求めると能力は変化が少ないので，「次も成功するだろう」というよい期待が生まれ，失敗の原因を能力に求めると，「次もだめだろう」という悪い見込みが生じる。反対に，成功の原因を不安定なものであ

表 8.1　原因帰属要因 (Weiner, 1979)				
	内 的		外 的	
	安 定	不 安 定	安 定	不 安 定
統制不可能	能 力	気 分	課題の困難度	運
統 制 可 能	日頃の努力	直前の努力	教師の偏見	他人からのふつうでない援助

る一時的な努力に求めると，「次も努力すれば，成功するだろう」というよい期待が生じ，失敗の原因を一時的な努力不足に求めると，「次は，努力すれば成功するだろう」というよい期待が生まれる。このように，この次元は将来に対する期待に関わる次元である。そして，第3の次元は，原因をその人が統制できるか否かという，「統制可能―不可能」の次元である。たとえば，成功の原因を統制可能な日頃の努力に求めると，「自分が努力さえ怠らなければ，次も成功するだろう」という気持ちになり，反対に統制不可能な能力に帰属すると，「自分の能力ではどうすることもできないので，何をやっても無駄だ」という気持ちになり，意欲は低下する。

従来の研究からは，帰属要因と学習意欲の間に以下の関係があるとされる。
①学習意欲の高い者は，成功の原因を内的統制要因である能力や努力に帰属し，失敗の原因を内的統制要因である努力に帰属しやすい。
②学習意欲の低い者は，成功の原因を外的統制要因である運や課題の困難度に帰属し，失敗の原因を内的統制要因である能力に帰属しやすい。

このように，学習意欲の高い者は，成功であれ，失敗であれ，その原因を努力に帰属しやすく（成功のときには「よく頑張ったから」，失敗したときには「努力が足りなかったから」），学習意欲の低い者は，失敗の原因のみを能力不足（「自分は頭が悪いから」）に求めがちである。

8.3.2 学習性無力感と再帰属法

では，なぜ，学習意欲のない者は，失敗の原因を自らの能力不足に帰属するのであろうか。先に述べたように，能力は変化しがたいものである。それゆえ，「どうせ，頑張ってもだめだ，自分は頭が悪いのだから」と考えることであきらめが生じ，それが意欲の低下をもたらすと考えられる。

オーバーマイヤーとセリグマン（1967）やセリグマンとマイヤー（1967）は，縛りつけられて電気ショックから逃れられないような場面を繰返しイヌに経験させると，最後には，たとえ逃れられる場面であっても逃れるための努力をしなくなることを見出している。これは，イヌが自分はまわりの環境

8.3 学習と原因帰属

に対してまったく無力であるということを認識し，努力しても無駄であるという**学習性無力感**（learned helplessness）を獲得した結果であるといわれる。学習意欲のない者も，このイヌと同じように，自分はまったく無力であり，どうせ努力しても無駄であるという認識を持っている場合が多いと考えられる。

ドヴェック（1975）は，学習性無力感と原因帰属の関係に注目し，学習性無力感を獲得した子どもは失敗の原因を能力に帰属する者が多く，これを努力への帰属に変えることによって，学習意欲をもたせる方法を提案している。この研究では，無気力であり，失敗するとやる気をなくしてしまう8～13歳の児童に対して，算数の問題を解かせた。2つの条件が設けられ，一方の条件では，子どもに，簡単な問題ばかりが与えられた。もう一方の条件では，大半は解答できる問題を与えるが，時々難しい問題が入っており，その問題の個所にきて，子どもがどうしても解答できない場合には，その解答できない原因について教師と話し合わせるようにした。たとえば，「まだ，努力が足りないのではないか」「もっと一生懸命すれば，できるはずだ」というような励ましによって，いつかはその問題の解答が見つかるはずだという期待や希望を抱かせ続けた。

このような2つの条件によって25日間の訓練が続けられた後，その訓練の効果を調べるためのテストが実施された。その結果，後者の条件の児童は，解けない問題に出会っても急激に成績が低下する者は一人もおらず，むしろ，解答できない問題に出会うごとに成績がよくなっていった。これに対して，前者の条件では，解答できない問題に出会うと急激に成績が低下し，相変わらず，成績の悪いのを能力不足のせいにしている児童が多かった。後者の条件でよい効果が認められたのは，それまで自分ができないのは，能力が低いためであると考えていたのが，努力すればできると思うようになったからである。この結果は，原因帰属の仕方を変えること，すなわち能力帰属を努力帰属に変化させることによって，児童の学習意欲を促したものであり，これを**再帰属法**（attribution retraining）とよんでいる。

この方法は子どもを動機づける上で効果的ではあるが，実際に実施するには，いくつかの留意点が考えられる。まず，訓練に用いる問題の難しさを児童の能力に合うものにしなくてはならない。もし，難しすぎる問題に対して「頑張ればできる」と教師にいわれた児童は，自分の能力の低さを強調されることになり，かえって能力帰属が促される結果となるだろう。また，いくら「頑張ればできる」と努力帰属を強調したとしても，どう努力したらよいかわからない児童は多い。具体的な努力の手順を教えることが必要である。さらに，努力の成果が児童にすぐにわかるようにフィードバックの方法を工夫することも大切である。努力の程度に対応して自分の成績が上昇するのを見て，児童は努力の大切さを認識でき，努力への帰属がより強固になっていくのである。

参 考 図 書

北尾 倫彦（編）（1994）．自己教育の心理学　有斐閣

　自己教育を中心的なテーマとして，学校教育におけるいくつかの領域における解説がなされている。平易に解説されており，読みやすい良書である。

宮本 美沙子・奈須 正裕（編）（1995）．達成動機の理論と展開――続・達成動機の心理学――　金子書房

　専門的な内容ではあるが，達成動機，自己効力感などの学習意欲に関する概念の理論とその研究内容をうまく紹介した書である。

桜井 茂男（1997）．学習意欲の心理学――自ら学ぶ子どもを育てる――　誠信書房

　学校教育における学習意欲の重要性を広範囲にわたって具体的な例を紹介しながら，解説している。学校教育における指導の視点を得たい人にはわかりやすい。

第9章

学習の基礎

9.1 行動主義心理学からとらえた学習

9.1.1 古典的条件づけ

ロシアの生理学者パヴロフは，19世紀末，有名な**古典的条件づけ**（respondent conditioning）の実験を行った。この古典的条件づけの過程は**図9.1**に示されている。イヌに肉粉を与えると自然に唾液が出るが，ベルの音を聞かせるのとほぼ同時に肉粉を与え，それを何回も繰り返しているうちに，イヌはベルの音を聞いただけで唾液を出すようになる。ベルの音に対して唾液を出すようになったことは，元来無関係であった**刺激**（ベルの音）と**反応**（唾液分泌）の間に新しい**連合**がつくられたことを示している。したがって，学習とは，刺激と反応の新しい結合であり，この学習成立のために重要なのが，**強化**（reinforcement）である，とパヴロフは説明した。ここでの強化とは，ベルの音（条件刺激）に対して，肉粉（無条件刺激）が時間的に接近して提示されることである（図中⇦）。

梅干しを見たり，想像しただけでも唾液が出てくる人がいるだろう。これは，条件づけの結果，**学習**が成立したことの現れである。このように，本来，人間が持っていない刺激と反応との結びつきを習得していくのが，学習なのである。

9.1.2 オペラント条件づけ（道具的条件づけ）

スキナーによる**オペラント条件づけ**（operant conditioning）も学習の基本である（**図9.2**）。彼は，スキナー箱とよばれる箱に，空腹のネズミを入れた。この箱は，中にあるバーを押せば餌が出る仕掛けになっていた。最初，ネズミは餌を求めて箱の中を動き回るが，偶然にバーを押し，その結果，餌を食べることができる。この偶然が繰り返されると，箱に入れられたらすぐにバーを押すようになる。このように，ネズミはバーを押して出てきた餌を食べることを学習したわけである。この条件づけにおいても学習が成立するためには，強化が必要になる。ここでの強化（図中⇩）は，バーを押すというネ

9.1 行動主義心理学からとらえた学習

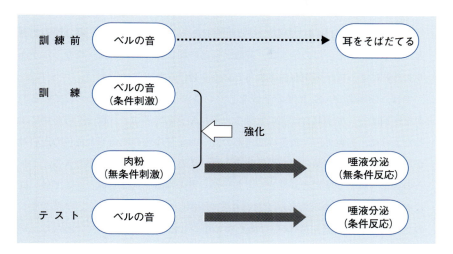

図 9.1　古典的条件づけの過程

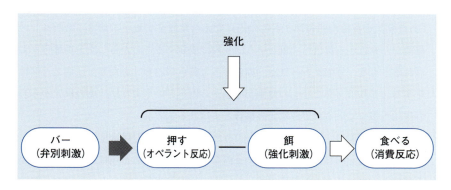

図 9.2　オペラント条件づけの過程

S-R 型と媒介型の学習

　条件づけにおける学習は，刺激に対して反応を結びつける学習である。このような学習は S-R 型の学習とよばれ，文字通り，条件づけされた刺激（S）に対して反応（R）を 1 対 1 で結びつける学習である。これに対して，媒介型の学習というものがある。この学習は，刺激と反応の間に媒介する要因（媒介子）があり，それによって反応が左右されるという学習である。

　では，学習者が，S-R 型の学習をしているのか，媒介型の学習をしているのかを区別する，弁別移行学習の実験を以下に紹介してみよう。図 9.3 の左側に示したように，赤色の円と黄色の四角形の対，および赤色の四角形と黄色の円の対があり，これらの刺激の左右の位置を入れ替えることで 4 つの対ができる。これらの対を一対ずつ学習者に見せ，どちらか一方の刺激を選ばせる。ここでは，仮に赤色の円と赤色の四角形が「あたり」（図中＋印）と決めておく。学習者はこの「あたり」の刺激を選べば，「あたり」ないしは「よろしい」といわれる。一方，黄色の円と黄色の四角形は「はずれ」（図中−印）であるので，これらの刺激を選べば，「はずれ」または「まちがい」といわれる。このようにして，「あたり」の刺激を 10 回連続して選ぶようになるまで訓練する。

　その後，学習者は 2 つのグループに分けられる。一方のグループは，今度は「あたり」を黄色の四角形と黄色の円に変えた学習をする。これは「あたり」の刺激が，赤色から黄色へ，色という次元内で変化することから，次元内移行とよばれる。もう一方のグループは，赤色の円と黄色の円を「あたり」に変えた学習をする。これは「あたり」の刺激が赤色から円へというように，色の次元から形の次元へ移っているので，次元外移行とよばれる。

　学習者が，先の学習において色という概念を媒介とした媒介型の学習をしているならば，次元内移行では，色という概念の中で赤色から黄色に「あたり」を変えればよいのであるから学習は速い。一方，次元外移行では色という概念を捨てて，形の概念に移してから円を選択しなくてはならないので，次元内移行よりも学習が遅くなるはずである。

　これに対して，媒介を利用せず個々の刺激（S）に個々の反応（R）を結びつ

けるようなS–R型の学習，すなわち，赤色の円と赤色の四角形は「あたり」，黄色の円と黄色の四角形は「はずれ」ということを学習している場合にはどうなるであろうか。次元内移行では赤色の円と赤色の四角形が「はずれ」，黄色の四角形と黄色の円が「あたり」になるので，すべての反応を変えなくてはならない。一方，次元外移行では赤色の四角形を「はずれ」に，黄色の円を「あたり」に変えればよいだけであるから，次元内移行に比べて変えなくてはならない反応が少ない。したがって次元外移行のほうが速くなるはずである。

　ケンドラーとケンドラー（1968）は，次元内移行と次元外移行の学習の速さを比較して，以下のような学習型の発達的変化を推測している。3歳ごろまでの幼児は次元外移行が次元内移行よりも速いので，S–R型の学習をしていることになる。4～6歳ごろになると2つの次元内移行と次元外移行の速さはほぼ同じになる。これはS–R型の学習から媒介型の学習への過渡期にあることを示している。そして，7歳以降になると次元内移行が次元外移行よりも速く，色や形という概念を利用した媒介型の学習を行っているといえる。このように学習者の年齢や発達段階によって学習の型は異なるのである。

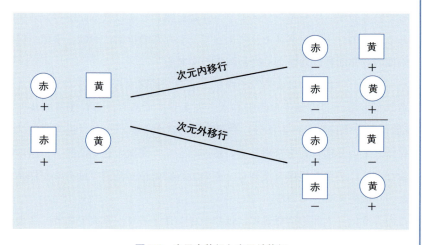

図9.3　次元内移行と次元外移行

ズミの自発的反応(**オペラント反応**ともいう)の直後に**強化刺激**(餌)が与えられることである。

認知心理学からとらえた学習

現在の教育心理学では,学習を,情報処理の観点からとらえる認知心理学の立場にもとづいて,記憶や知識に関する多くの概念から説明している。以下に代表的な概念を紹介する。

9.2.1 ワーキングメモリ

本を読む場合,文を読んだ瞬間,私たちはその文の中の単語をすぐに忘れてしまうことはない。それが忘れられる前にその単語の意味を自分の知識内にある単語の意味と照合して理解し,文全体の理解へつなげている。

また,一の位の足し算によって繰り上がりがある計算をする場合,その繰り上がりの値をいったん保持して,十の位の計算をし,後でその繰り上がりの値を足すという処理を行っている。このような情報の保持と処理の機能を持っているのが,**ワーキングメモリ**(**作動記憶**)とよばれる記憶のシステムである。このワーキングメモリによって,私たちの生活における学習や記憶,その他の認知活動は効率よく行われるのである。

バッドレー(1992)によるワーキングメモリに関するモデルが,図 9.4 に示されている。このモデルの中心は中央実行系であり,これが**音韻ループ**(音韻情報を保持している部分)や**視空間的スケッチパッド**(視空間的情報を保持している部分)を管理している。そして,高次の認知活動(言語理解,推論など)に必要な処理を実行し,その実行結果を一時的ではあるが保持するという機能を持っている。

このように,人間の情報処理にはワーキングメモリが重要であり,このワーキングメモリの容量の大きいほうが,効率よく認知活動を行えることになる。

9.2 認知心理学からとらえた学習

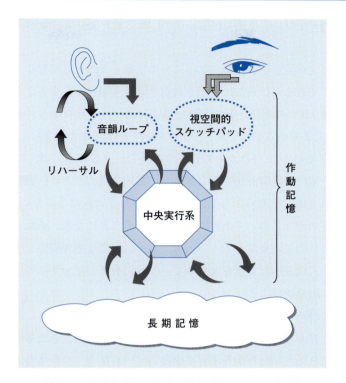

図 9.4　ワーキングメモリのモデル (Baddeley, 1992)

　デーネマンとカーペンター（1980）は，言語情報に関するワーキングメモリの個人差を測定するためのテストとして，**リーディングスパンテスト**（Reading Span Test；RST）を開発した。ここでは，苧阪（2002）による日本語版 RST を紹介する。

　たとえば，以下に示したような 3 文が 1 つずつ提示される。参加者は 1 文ずつ声に出して読むが，下線が引いてある部分の単語を覚えなければならない。

　　農民たちは稲も麦も豊かに実ってくれるものと期待した。

その男は会議で熱弁をふるって<u>警告</u>を発した。

彼は<u>かぜ</u>をひいて下宿で寝ていたが，知らせを聞いてはね起きた。

　これらの文が提示された後，下線部分の単語を3語とも報告するように求められる。できるだけ最初に提示された単語から順に報告するよう指示される。そして，3つの単語を報告できた場合には3点とカウントされる。文の数は2〜5文まであるが，苧阪・苧阪（1994）が大学生を対象にしたRSTの結果は，平均が3.45（SDが0.97）点であった。文を読むには，ワーキングメモリの一定の処理資源が必要であるが，単語を覚えるという課題を並行的に与えられると，そちらにも処理資源を配分しなければならない。つまり，保持と処理の両方において処理資源を共有することになる。それゆえ，ワーキングメモリの処理資源が大きい人は，両方に必要な処理資源を配分できるが，乏しい人は読みに資源をとられて，保持に資源を配分することができず，単語を思い出せないことになる。

　日本語の理解よりも，英語の理解においてワーキングメモリの働きは大きい。英語と日本語の統語構造や音韻構造などの違いが指摘されるが，とくに，名詞の後にその名詞の修飾をする文が続いている場合（後置修飾文）がその典型である。この場合には，名詞の意味情報を保持するとともに，後置修飾文の意味情報も保持し，それらを統合して理解しなければならない。そこには，ワーキングメモリの大きさが必要となる。本などのように視覚的に提示されている場合はよいが，会話において聴覚的に提示された場合には，その情報が消えていくので，それを保持することが必要となり，より一層ワーキングメモリの容量が重要になる。したがって，英語を理解する場合には，一定の時間，意味理解に必要な情報を保持できているかどうかが重要になる。すなわち，ワーキングメモリの容量を大きくすることが大切なのである。

9.2.2　意味記憶とエピソード記憶

　日常生活における常識や教養などの知識に関する情報は，**意味記憶**（semantic memory）に保持されている．反対に，過去のさまざまな個人的な出来事は，**エピソード記憶**（episodic memory）に保持されている．意味記憶とエピソード記憶の区分は，タルビング（1972）が最初に提唱したものである．

意 味 記 憶　コリンズとロフタス（1975）は，多くの概念がネットワークで結びついている意味記憶のモデルを考えている（図 9.5）．このモデルでは，2つの概念が互いに意味的に関連したものであれば，その間のリンクが

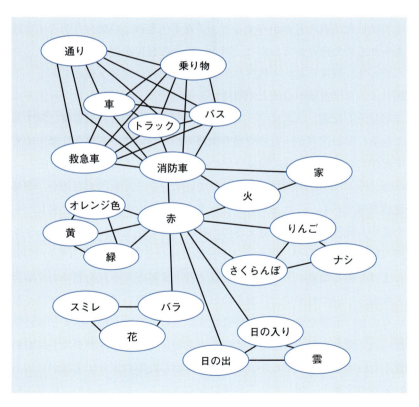

図 9.5　**意味記憶のネットワークモデル**（Collins & Loftus, 1975）

短く表現される。たとえば，図中の「乗り物」という概念は，ほかのさまざまな種類の乗り物（「消防車」「バス」「救急車」など）と共通する特性を数多く持っている。それゆえ，これらは近接した位置で表現され，意味的関連性が強いことになる。

このモデルの重要な仮定として，ある概念が処理されると，その概念からの活性化がリンクのつながった概念ノードへと波及していくという仮定である。これが，**活性化拡散**（spreading activation）という考えである。したがって，ある概念の活性化水準が，ほかの概念から波及してきた活性化のエネルギーによって高められ，閾値を超えられる可能性が高まることもある。

この活性化拡散の考えからすると，学習すべき新しい概念と関連する概念をあらかじめ処理させておくと，新しい概念の習得が促進されることになる。したがって，授業において教材や学習内容の配列は重要な視点であり，この配列によって学習効率の向上が期待できる。

エピソード記憶　　エピソード記憶は，個人的な過去の出来事に関する記憶である。記憶内容が一定の時間や空間と結びついている場合には，エピソード記憶になるが，意味記憶は一定の時間や空間とは結びついていない。

エピソード記憶が時間や空間と結びついていることを示す原理が，**符号化特定性原理**である。これは，タルビングとトムソン（1973）が主張したものであるが，簡潔にいえば，覚える際の状況（符号化文脈）と，思い出す際の状況（検索文脈）とが一致するほど記憶成績はよくなるというものである。たとえば，ある教室で，ある単語を覚えたとすると，それを思い出す場合に，同じ教室と，別の教室では，前者のほうが単語を思い出す可能性が高くなる。というのは，単語を覚えた際の符号化文脈（教室）が，思い出すときの検索文脈（同じ教室）と一致しているからである。児童・生徒がテストにおいて学習した内容を思い出せるかどうかは，学習した際の符号化文脈がテストにおける検索文脈と一致している程度に左右される。したがって，検索文脈を考慮した符号化文脈の設定を工夫する必要がある。

9.3 記憶や学習を促す情報処理

9.3.1 処理水準と精緻化

意味処理の有効性　クレイクとロックハート（1972）は，覚えようとする内容に対する処理が深いほど，その内容の記憶成績が高まるという**処理水準**（levels of processing）**説**を提唱した。一般的に，浅い水準は形態的処理，中間水準は音韻的処理，そして深い水準が意味的処理に対応している。クレイクとタルビング（1975）は，記銘語に対して，**表 9.1** に示すような処理水準に対応する方向づけ質問を設定した。どの方向づけ質問においても，参加者は「はい」か「いいえ」かで答えるように求められた。どのタイプの質問を受けたかによって，再生および再認成績を比較したのが，**図 9.6**（図の左が再生，図の右が再認）である。

　意味的質問を受けた記銘語の記憶成績がもっともよく，次いで音韻的質問，そして，形態的質問を受けた語がもっとも劣っていた。この結果は，処理水準説を支持するものであった。また，同じ水準の質問を受けた場合であっても，「はい」と判断した語のほうが「いいえ」と判断した語よりも記憶成績

表 9.1　処理水準の方向づけ質問 (Craik & Tulving, 1975)		記 銘 語	
処理水準	方向づけ質問	「はい」	「いいえ」
形　態	この単語は大文字で書かれていますか？	TABLE	table
音　韻	この単語は「WEIGHT」と韻をふんでいますか？	crate	MARKET
意　味	この単語は "He met a ___ in the street" という文に当てはまりますか？	FRIEND	cloud

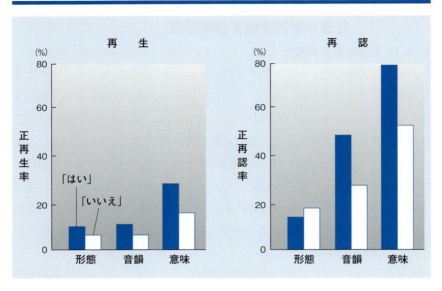

図 9.6　処理水準ごとの再生率と再認率（Craik & Tulving, 1975）

がよいという現象も見出された。この現象は，適合性の効果とよばれているが，同じ水準の質問を受けた場合には，「はい」と答えようと，「いいえ」と答えようと，同じ水準の処理を受けていることになる。それゆえ，記憶成績が異なることは，処理水準説で説明できないのである。そこで，処理水準を補う精緻化という概念が提唱された。**精緻化**（elaboration）とは，学習内容に情報を付加することである。参加者が「はい」と答えた場合には，記銘語が参加者の持つ知識構造に統合されて，記銘語に対して多くの情報が付加される。一方，「いいえ」と答えた場合には統合されず記銘語に対して付加される情報は少なくなる。この記銘語に付加された情報の量，すなわち精緻化の違いによって記憶成績の違いが生まれたのである。

　　情報の量と質　では，なぜ，多くの情報が付加されると，記憶成績が促進されるのであろうか。図 9.7 に示すように，記銘語に対して関連語が付加

9.3　記憶や学習を促す情報処理　　　　　　　　　　147

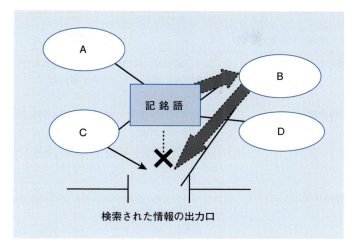

図 9.7　検索ルートのモデル

されると記銘語を直接想起できない場合に，関連語（B）を介した記銘語を検索するためのルートが確保される．関連語が多く付加された語であるほど，このルートが多くなるわけであるから，記銘語が想起される可能性は高くなるのである．ただし，どのような情報であっても，多ければよいというものではない．

　ステインら（1978）は，記銘語に付加される情報の質の効果を検討するために，表 9.2 に示したような 3 種類の枠組み文を作成した．記銘語に付加される情報の量のみが記銘語の記憶成績を決めるのであれば，基本文がもっとも短く情報量が少ないのであるから，基本文の記憶成績は悪くなり，情報量の等しい適切（precise）精緻化文と不適切（imprecise）精緻化文の間には差がないはずである（基本＜適切＝不適切）．しかし，枠組み文を手がかりとした再生率を比較した結果，不適切＜基本＜適切という関係になった．この結果は，付加される情報の量よりも，情報の質が重要であることを示して

148　　　　　　　　　　第9章　学習の基礎

表9.2　ステインらの用いた材料 (Stein et al., 1978)		
文　型	**記銘語**	**枠組み文例**
基本文	tall （背の高い）	The tall man purchased the crackers. （背の高い男がクラッカーを買った。）
適切精緻化文		The tall man purchased the crackers <u>that were</u> <u>on the top shelf.</u> （背の高い男が<u>いちばん上の棚に</u>あるクラッカー を買った。）
不適切精緻化文		The tall man purchased the crackers <u>that were</u> <u>on sale.</u> （背の高い男が<u>特価の</u>クラッカーを買った。）

（注）下線の部分が基本文に付け加えられた情報。

いる。適切精緻化文には記銘語が「tall（背の高い）」であることの必然性を明確にする情報が付加されているのに対して，不適切精緻化文には「tall」の意味とは関係のないものが，付け加えられていたのである。

　さらに，豊田（1984）は，記銘語（例：「ながい」）に対して，交換可能文（この　ひもは　＿＿＿＿．）と交換不可能文（きりんのくびは　＿＿＿＿．）という枠組み文を設けた。交換可能文は記銘語からの連想語（「みじかい」）が，記銘語と入れ替わった場合でも意味が成り立つ（交換可能である）ので，記銘語に対する意味的限定性が弱い。一方，交換不可能文では記銘語と連想語が入れ替わると意味がおかしくなる（交換不可能である）ので，記銘語に対する意味的限定性が強い。自由再生を求めた結果，交換不可能文を枠組み文とする場合が，交換可能文を枠組み文とする場合よりも記銘語の再生率が高かった。これは，情報の意味的限定性が記憶成績に影響することを示している。

　自己生成した情報　　先に述べたステインらの精緻化の実験では，実験者

9.3 記憶や学習を促す情報処理

が枠組み文を通して適切な情報（精緻化）を提供した結果，記憶が促進された。しかし，実験参加者自身に情報（精緻化）を生成させるとその効果はどうなるのであろうか。プレスリーら（1987）は，基本文（例：「空腹の男が車に乗った」）に対して「なぜ，その男がそんなことをしたのか？」という質問に対する答えを生成させる条件（自己生成条件）のほうが，実験者によってその質問に対する答えが提供される条件（実験者提示条件）よりも，記憶成績がよいことを明らかにしている。

では，なぜ，実験者によって適切な情報を提供された場合よりも，参加者自身が独自の情報を生成した場合のほうが記憶成績がよいのであろうか。実験参加者は大学生であり，個々に知識構造がかなり異なっている。それゆえ，実験者によって提示された情報がすべての参加者にとって必ずしも理解しやすい適切な情報であるとは限らない。一方，質問によって自己生成された情報は参加者の個々の知識構造にもとづく情報であり，客観的に適切か否かは別にして，参加者自身にとっては理解されやすいものとなっている。このように，自己生成された情報が実験者によって提示された情報よりも参加者自身の知識構造に合致していることにより，**自己生成精緻化**の効果が生じると考えられている。

自伝的記憶の活用　私たちは，過去のさまざまな経験をしており，それが記憶に蓄積されている。このような個人の過去の出来事の記憶を，**自伝的記憶**（autobiographical memory）とよんでいる。一般に，よく思い出されることは，記憶の中で非常に鮮明である場合が多い。自伝的記憶内の過去の出来事はそれ自体鮮明であり，想起されやすい。それゆえ，もし，これらの出来事が，ある特定の事象と一緒に覚えられると，その特定の事象を思い出す際に，有効な手がかりとなる。

豊田（1997）は，実験参加者に，単語から過去の出来事を想起させ，その出来事の鮮明度を評定させる条件（自伝条件）と，単語から特定の連想語が連想される程度を評定させる条件（意味条件）を設けた。そして，このような評定をさせた後，単語を思い出せる割合を比較した。その結果，自伝条件

が意味条件よりも，単語を思い出す割合が高かったのである。これは，過去の出来事が鮮明で，連想語よりも単語を思い出すための手がかりとして有効に働いたためであると考えられる。このように，過去の出来事に関する情報を付加する精緻化を**自伝的精緻化**とよんでいる。

　学校教育においても，教師は児童・生徒に対して，日ごろの生活で体験する出来事を想起させるような質問をしたり，エピソードを話す場合が多い。たとえば，体積や容積を教える場合に，「お風呂に入ると，お風呂のお湯があふれる」といった体験を話すことがある。このように，児童・生徒が体験した出来事を学習内容に付加することによって，学習内容の定着が期待できる。学習内容に関連する体験などを説明に含めることは，自伝的精緻化を活用した有効な教授法といえる。

参 考 図 書

高野 陽太郎（編）（1995）．認知心理学 2　記憶　東京大学出版会
　記憶に関する研究を平易に紹介した良書である。記憶に関する理論や具体的な研究例が多く紹介され，記憶について知りたい人には最適である。

太田 信夫（編）（2006）．記憶の心理学と現代社会　有斐閣
　産業，教育，犯罪，医療・福祉などの諸分野と記憶の関わりを具体的に紹介した良書である。内容は多岐にわたるが，それぞれが簡潔で読みやすい。

太田 信夫・多鹿 秀継（編著）（2008）．記憶の生涯発達心理学　北大路書房
　発達段階ごとの記憶の特徴を，具体的な研究を紹介しながら解説したものである。やや専門的ではあるが，内容が具体的であり，わかりやすい。

第 **10** 章

知識，問題解決，
メタ認知

10.1 知識と学習

10.1.1 知識の構造化と学習

　児童・生徒によっては，教師からの解説を一度聞いただけでその学習内容を記憶できる子どもがいる。反対に，何度説明してもなかなか学習できない児童・生徒もいる。このような記憶の個人差は，児童・生徒が持っている知識の量による場合が多い。

　森田（2008）は，知識が記憶におよぼす影響の大きいことを以下のように紹介している。

> A：レハール　バルブーサ　ゼフィレッリ　ベリオ　ホルツァー
> B：シライシ　タケノウチ　ミナミムラ　　ホンダ　ヤナギモト

　Aリストは，イタリア人5人の姓，Bリストは，日本人5人の姓である。日本人であれば，通常は日本人の名前に関する知識をたくさん持っているので，日本人の姓（Bリスト）のほうが覚えやすいであろう。私たちは，何らかのテーマに関する内容を覚えようとする際，そのテーマに関して多くの知識を持っていれば，容易に覚えることができる。それは，すでに持っている知識がしっかりしたものであるため，新しい情報を組み込むのが容易になるからである。日本人は，外国人に比べて，日本人の名前に関する知識が多いので，新たな日本人の名前も容易に覚えることができる。同じように，昆虫の名前をたくさん知っている児童・生徒は，新たな昆虫の名前をたやすく覚えることができる。このような既有知識の効果は大きなものである。

　チー（1978）は，チェスに熟達した小学生と，チェス初心者である大学生に，数列を記憶するように求めた場合と，盤面のチェスの駒の配置を記憶するよう求めた場合の記憶成績（再生項目数）を比較した。その結果が，図10.1に示されている。数列の記憶については大学生のほうが記憶成績がよかったが，駒の配置に関しては小学生のほうがよかった。記憶の容量に関し

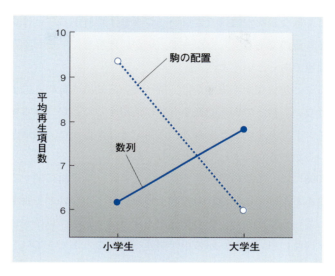

図 10.1　材料による記憶成績の違い（Chi, 1978)

ては大学生のほうが小学生よりも大きいことは知られている。それゆえ，数列に関してはその記憶容量を反映して大学生のほうが成績がよかった。しかし，チェスの駒の配置に関しては，記憶容量からの予想とは反対に，小学生のほうがよかったのである。この結果は，小学生が地域の大会などで優秀な成績を収めるようなチェスに熟達した者であり，駒の配置の定石についてかなりの知識を持っていたことによると考えられる。反対に，大学生についてはその知識がほとんどなかった。この知識の差が記憶成績に反映されたと考察された。その証拠にチェスの定石からはずれた駒の配置を記憶させた場合には，小学生と大学生の差がなくなったという報告がある。定石からはずれた駒の配置の記憶には，小学生が持っている知識を利用できない。それゆえ，知識の差を反映した記憶成績の差がなくなったといえよう。

　チーの研究は，日ごろの児童・生徒の学習においてもあてはまる。よく知

っている学習内容に関する新しい知識はすぐに習得されるが、よく知らないものに関してはなかなか習得できない。つまり、理解することによって、学習が促進されるのである。したがって、いかに理解を促すかが学習の定着につながる課題であるといえよう。

記憶することが得意か不得意かは、持っている知識の量のみによって決まるものではない。持っている知識を有効に活用することができるかどうかが重要なポイントである。それを有効に活用できるか否かは、知識がうまく整理されているかどうかによって決まるのである。

森田（2008）は、多数の英単語を覚えるときに、英単語に関する既有の知識が豊富であるだけでは記憶能力の向上には結びつかないと主張する。記憶しようとしている単語から、その類義語や反意語、語源、単語が使用される文脈などを同時に思い出し、頭の中で関連づけることができてはじめて、それらの豊富な知識は意味を持つのである。図 10.2a と b を比べてみると、知識としてうまく整理（構造化）されているのは、図 10.2b のほうであることがわかる。このように、記憶内にある単語がうまく頭の中で整理され、ほかの単語との関連性が適切に理解されることによって、その単語が記憶内にうまく統合されることになるのである。このような関連づけが記憶を促し、学習を定着させるポイントである。

10.1.2 スキーマ

知識はただ情報を寄せ集めたものではなく、複数の事象に対する共通点を抽出し、それをより抽象化させた情報から構成される場合が多い。このような抽象化され、構造化された知識をスキーマ（schema）とよぶ。スキーマにはいろいろな種類があるが、「もの」に対してだけでなく、典型的な出来事の流れ（たとえば、レストランにおける行動の流れ）や、物語の構造（たとえば、起承転結）など、多くのものに存在する。そして、このスキーマがあることで、処理が促進される。たとえば、ある事象に関する情報が不完全である場合に、一つひとつの情報から全体を理解するといった、ボトムアッ

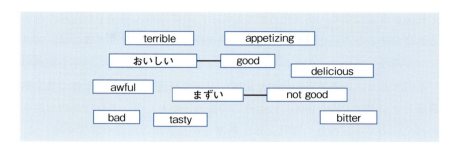

a　構造化されていない場合の例

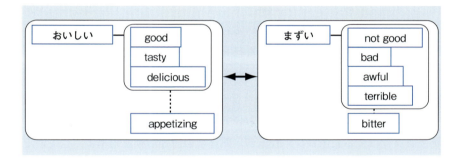

b　構造化されている場合の例

図 10.2　記憶内の単語の関連づけの例（森田，2008）

プ的な処理をそのまま維持することはできない。しかし，あらかじめ持っているスキーマによって不完全な情報を補うというトップダウン的処理によって，事象に対する処理を完成させることができる。このように，スキーマとは，ある事象をとらえるための枠組みであり，学習や記憶のみならず，認知活動において重要な役割を果たすことになる。そして，スキーマによる認知活動の促進に関する理論を総称して，スキーマ理論とよんでいる。

10.1.3 熟達化と学習

　知識が豊富になり，構造化されてくると，その知識に関連した課題に対する処理が速くなる。このような現象を**熟達化**とよぶが，その背景には，スキーマが関与している。すなわち，スキーマを利用して，処理の効率を高めているのである。ある特定の課題や領域において熟達化した技能を持つ者を**熟達者**とよぶが，大浦（1996）は，その特徴の一つとして，下位技能の習熟をあげている。下位技能の習熟とは，熟達者が長期間の練習や学習を通して，少ないリソース（資源）しかなかったとしても必要な技能を速く，正確に行い，課題解決に到達できることである。このような下位技能の習熟には，記憶への負荷を軽減するために情報をまとまり（**チャンク**；chunk）にして覚えるというような活動が関わっている。チェイスとサイモン（1973）は，チェスの駒の配置を覚えさせる課題を行ったが，初心者に比べて，熟達者はチャンク数が多かった。この結果は，チェスの熟達者が，チャンク化され，記憶負荷の少なくなった駒の配置をうまく利用したことによると考えられた。チェスだけでなく，ほかの分野においても同じようなことは見出されており，チャンク化による記憶負荷の軽減が，熟達者の認知活動を効率よくしている。また，大浦（1996）は，熟達者がいくつかの下位技能を同時に行っても，それが正確に，速く行われるのは，それらが**自動的処理**になっているからであると説明している。自動的処理は，意識したコントロールがなされる**統制的処理**とは異なり，使うリソースが少なくて済むので，同時に行っても不足することはないのである。波多野ら（1977）は，珠算技能の熟達者に，通常のそろばんを使った計算をする条件と，そろばんを使わない暗算をさせ，その際に，指の動作によって計算の妨害になるような課題を同時に行わせる条件を設けた。その結果，これらの熟達者はそろばんを使うよりも暗算で計算するほうが速く，指の動作に関する妨害の影響も受けないことがわかった。この結果は，熟達者の技能が**自動化**している証拠であると考えられた。

　熟達すると，ある学習をする際に効率よく情報をまとめ，記憶負荷を軽減させることができる。すなわち学習における作業を自動化できることによっ

10.2 問 題 解 決

て学習の負担も軽くすることができるといえよう。熟達者に到達するには長期間の学習を要するが，それを目標とした教育のあり方も重要である。

10.2 問 題 解 決

　私たちは，記憶や学習によって習得した情報を利用して，日常生活で出くわすさまざまな問題を解決している。したがって，記憶や学習は重要であるが，問題解決（problem solving）という認知活動もまた重要である。では，私たちは，問題解決が必要な場面において，どのようにして適切な解決法を発見するのであろうか。

10.2.1　問題解決の方法Ⅰ──試行錯誤と洞察

　古典的な考え方としては，ソーンダイク（1898）の説が有名である。彼は，図 10.3 に示したような，踏み板を踏むことによって扉が開く仕掛けになっている問題箱の中に空腹のネコを入れ，問題解決の仕方について調べた。そこでは，ネコが踏み板を踏んで扉を開き，外に出て餌を食べるまでの時間を測定したのである。はじめは，ネコは箱の中をやみくもに歩き回り，たまたま踏み板を踏んで外へ出るということを繰り返していたが，繰返し問題箱に入れられると，扉を開いて外に出るまでの時間が徐々に短くなっていった。これは，ネコがあれこれと試行錯誤を繰り返す中で，問題解決の学習をしたものと考えられた。これが問題解決における試行錯誤（trial and error）説である。

　一方，ケーラー（1917）は，図 10.4 に示すような道具を使わなければ解決できないような問題をチンパンジーに与え，どのようにして問題解決を行うかを調べた。チンパンジーはネコのように試行錯誤を繰り返すことなく，しばらく問題状況を見つめて考えるような様子を見せた後，突然，道具（棒）を使って餌（バナナ）を得ることに成功した。これは，チンパンジーが問題場面全体を見通し，手段（道具）と目的（餌）の関係を理解できたた

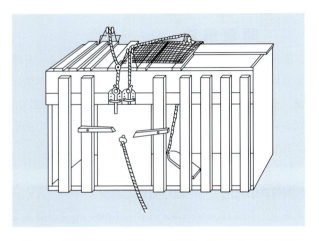

図 10.3　試行錯誤説の根拠となる実験 (Thorndike, 1898)

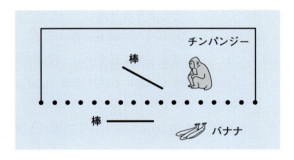

図 10.4　洞察説の根拠となる実験の略図

めと考えられた。これが，洞察（insight）説である。

人間の場合は，はじめは試行錯誤的な問題解決を行うが，多くの問題をこなしていくうちに徐々にその解決が容易になり，やがてすぐに解決を得ることができるような洞察的な問題解決にいたるのである。したがって，経験や訓練が，試行錯誤から洞察へと問題解決の方法を移行させるのである。

10.2.2　問題解決の方法Ⅱ——アルゴリズムとヒューリスティック

近年の認知心理学では，情報を処理するというモデルから問題解決を考えている。伊藤・安西（1996）は，ニューエルとサイモン（1963）の考え方を紹介している。そこでは，問題解決場面を，問題を解く前の状態（初期状態）と，解決された状態（目標状態）を含んだ，一種の状態空間（問題解決空間）ととられている。そして，初期状態と目標状態の間の違いを小さくするように操作を繰り返せば，問題解決にいたると考えている。したがって，もっとも基本的な解決方略は，目標状態との差がもっとも小さくなる操作を選ぶという方法（手段—目標方略）である。しかし，この方法が必ずしも効率よく問題解決へと導くわけではない。では，どのような操作をとればよいのだろうか。

アルゴリズム　アルゴリズム（algorithm）とは，その時点で解決可能なすべての方法を調べ，その中で最適な方法を見つけるものである。すべての方法を調べるので，時間はかかるかもしれないが，問題解決にたどりつくには確実な方法であるといえる。したがって，解決可能な方法が少ない場合には確実である。しかし，解決可能な方法が多い場合，私たちはそれらすべてを覚えておくことはできないし，日常生活ではたった一つの正しい解決を求めるというような場合はほとんどない。図 10.5 には，アルゴリズムの例として，組立て除法による最大公約数を求める方法が示されている。

ヒューリスティック　アルゴリズムに対して，**ヒューリスティック**（heuristic）は経験にもとづいた法則であり，将棋やチェスの定石のように，その通りにすれば，解決にたどりつく可能性が高い。しかし，必ずしも問題

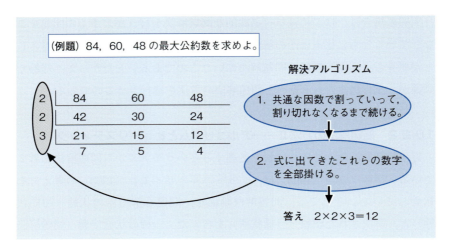

図 10.5 組立て除法による最大公約数を求めるアルゴリズム
(伊藤・安西,1996)

解決の保証があるわけではない。伊藤・安西（1996）によれば，普段，私たちはヒューリスティックを用いる場合が多い。その理由は，日常の問題解決を要する場面において，上述したような初期状態と目標状態が明確にされていることがなく，あいまいなことが多いためである。

10.2.3 問題解決の個人差

知能水準　児童・生徒が持つ**知能水準**によって，問題解決に違いがある。クラウスマイヤーとロージリン（1961）は，小学 5 年生が問題解決をする途中において見せる行動を観察し，その行動を知能指数が 146-120 の上位群，110-90 の中位群，55-80 の下位群に分けて分析した。与えられた問題の難易度は知能の水準に合わせて調整してあったので，問題解決に要した時間は，3 つの群間に差がなかった。しかし，問題解決中の行動には，群間で大きな違いが見られた。すなわち，上位群では，論理的なやり方をする，

解答を確かめる，誤りに気づき訂正するというような，解決に向けた適切な行動が多く見られたのに対し，知能が低くなるにつれてこのような行動が減少することがわかった．とくに，下位群においては課題に無関係な活動をしたり，でたらめなやり方をする場合がほかの2群に比べて多かった．この結果から，知能上位群は洞察的な問題解決を行い，下位群は試行錯誤的な問題解決をすることが示唆される．

熟達者と初心者　大浦（1996）は，初心者と熟達者の問題解決の違いに

基本問題
下の振り子で，おもりをAの地点から静かに手を離し，最下点に来たときの速度を求めよ．

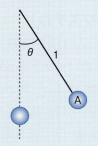

問題A
下の振り子で，振り子の周期を3倍にするためには，おもりの重さを何倍にすればよいか？

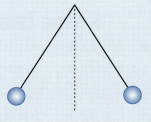

問題B
初期状態で手を離した物体は，なめらかな斜面を滑り落ちて，状態Aに来たときのこの物体の速度を求めよ．

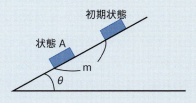

図 10.6　**基本問題に似ているのは，AかBか？**（伊藤・安西，1996）

162　第 10 章　知識，問題解決，メタ認知

関してチーら（1981）の研究を紹介している。そこでは，図 10.6 に示されているような物理の問題に対して，初心者は同じ振り子の問題であるから，問題 A を選択するが，熟達者は問題 B を選択すると予想した。そして，その結果では予想通りに初心者は問題の表面的な共通性に注目するが，熟達者は問題の構造や解法にまで注目して選択することが示された。また，問題解決の際の発話内容についても，初心者と熟達者には違いがあった。どちらの問題を選ぶかを決めていく途中で，初心者は問題に記載されている内容についての発話がほとんどであるのに対して，熟達者は問題に書かれていない内容にまでおよんでいた。このような違いは，熟達者が問題文から解決に必要な情報を読みとれることによると考えられる。このようなことができるようになるには，前節で紹介したような知識の構造化がなされている必要がある。

10.3　メタ認知（認知を制御するシステム）

　記憶，学習，そして問題解決といった認知活動においては知識が構造化されていることが重要であるが，それだけで十分というわけではない。知識をうまく利用したり，認知活動を制御するシステムが必要になる。それが，ここで紹介するメタ認知である。メタ認知（meta cognition）とは，私たちが日ごろ行う認知活動（学習，記憶，思考など）に関する知識（メタ認知的知識）と，認知活動をモニターし，コントロールする制御システム（メタ認知的制御）のことである。

　たとえば，私たちが，何かを学習する際には，「どんな方法で学習すればよいか」「どのくらいの時間すればよいか」などのように，自分の活動に関する決定をしている。そして，このような決定は，メタ認知的知識にもとづいて行われる。また，学習活動を行った後，「もう十分学習できたか，まだ，不十分か」をチェックするのは，モニタリングという機能にもとづいているが，これはメタ認知的制御の重要な役割である。

10.3 メタ認知（認知を制御するシステム）

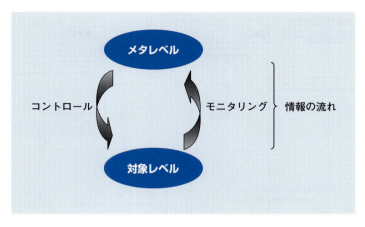

図10.7　メタ記憶のモデル（Nelson & Narens, 1990）

10.3.1　記憶におけるメタ認知（メタ記憶）

　認知活動の中心にある記憶活動に関する知識や制御機能は**メタ記憶**とよばれ，メタ認知の下位概念として位置づけられている。ネルソンとナレンス（1990）は，図10.7に示すようなメタ記憶のモデルを提唱している。このモデルでは，人間の認知過程を対象レベルとメタレベルという2つのレベルからとらえている。清水（1995）によれば，対象レベルは刺激対象への直接的な働きかけや情報抽出に関連したレベルであり，メタレベルは対象レベルの上位にあり，対象レベルでの処理活動をつかさどる働きがある。メタレベルから対象レベルに対しては，記憶活動の流れをコントロールする機能が働き，記憶目標の設定や記憶活動の実行，修正などが行われる。一方，対象レベルからメタレベルへは記憶のモニタリング（監視）機能が働き，記憶に対する気づき，判断や予測がなされている。

　図10.8は，記憶段階とそこに関連する活動を対応づけたものであり，図の上半分に描かれているのが，モニタリングに関する活動である。モニタリ

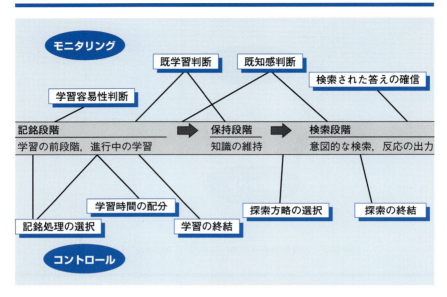

図 10.8 記憶の段階ごとのモニタリングとコントロール
(Nelson & Narens, 1990；清水, 1995 をもとに作成)

ングには記憶した程度を認識する機能があるが，そこには，すでに知っているという感覚である既知感（feeling of knowing）が反映される。ある特定の対象を思い出そうとするが，どうしても思い出せないことがある。これは喉まででかかっている現象（TOT現象；Tip Of the Tongue）とよばれていて，既知感を意識できる状態である。

既知感と似た感覚として，覚えたという感覚，すなわち学習できたという感覚がある。これは，児童・生徒にとって学習した内容がしっかりと頭に入っているかどうかをとらえる上で重要である。既学習判断（judgment of learning）を求める実験では，項目を学習する際に，後でどの程度正しく思い出せるかを実験参加者に判断してもらう。ダンロスキーとネルソン（1994）は，記憶方略（覚えるための手段・方法）による既学習判断の違いを検討した。そこでは，学習項目のイメージを描きながら覚えるように求め

10.3 メタ認知（認知を制御するシステム） 165

るイメージ方略条件と，単に学習項目を繰り返して覚えるように求めるリハーサル方略条件を比較した。リハーサル方略条件よりイメージ方略条件のほうが記憶成績はよかったが，そのようにリハーサル方略よりもイメージ方略のほうがよく学習できていると正確に判断できる割合は，学習直後よりも，一定の時間が経過した後のほうが高かった。児童・生徒に自分が用いた学習法の有効性を認識させることは重要であるが，学習直後よりも一定時間が経過した後のほうが有効性を認識しやすい可能性がうかがえる。

　記憶するためには，記憶方略の選択だけでなく，どの程度時間をかけるかという判断が重要になってくる。オーウィングスら（1980）では，小学5年生に理解しやすい物語と理解しにくい物語を与え，それぞれを学習するのに要する時間を測定した。日常の記憶能力を測定するテストの得点が高い児童は，理解しにくい物語により多くの時間を費やしたが，得点の低い児童は，両方の物語とも費やした時間に差はなかった。学習時間の配分に差が見られなかった児童は，学習内容である物語の困難度の違いを判断できず，その違いに応じた学習時間を設定できるようなモニタリング（monitoring）が機能していなかったのである。自分が学習する内容とそれに対応する時間を正確に知るという経験は，モニタリング機能を高める上で重要である。

10.3.2　問題解決におけるメタ認知

　問題解決においても，メタ認知の役割は重要である。スワンソン（1990）は，小学4，5年生に対して認知活動に関する知識をたずねる質問を行い，メタ認知の水準を測定し，一般的な認知（学習）能力についてもあわせて測定した。そして，メタ認知の高・低と認知能力の高・低の組合せによる4つの群に分けて，推論などの問題解決における成績を比較した。その結果，メタ認知が高く，認知能力の低い群は，メタ認知が低く，認知能力の高い群よりも問題解決における成績がよかったのである。細かな分析によれば，メタ認知の高い群は，問題解決のための仮説をつくり，それが妥当なものかどうかをモニタリングする者が多かった。したがって，問題解決につながる方略

の選択や方略のモニタリングによって，認知能力を十分に補うことができるのである。学校教育におけるメタ認知の指導の重要性が示唆される。

　問題解決においては，提示された問題の内容が十分に理解できているかどうかをモニターできることが重要である。これを**理解モニタリング**とよぶ。三宮（1996）は，この理解モニタリングの不正確さを示す研究として，マークマン（1977）の研究を紹介している。この研究では，小学1～3年生に，「ゲーム」と「手品」の手続きを説明するのであるが，わざと重要な部分を抜かして説明し，それに児童が気づくかどうかを調べた。その結果，3年生は，説明が不十分であり，自分が理解できていないことを認識していたが，1年生は自分が理解できていないことに気づかず，説明された通りに実際に実演してみて，できないことに気づくのであった。したがって，1年生は理解モニタリングが十分に発達していないといえよう。

　このように，問題解決においてもメタ認知の役割は重要であり，さらに，ほかの認知活動においても，その重要性が明らかにされている。従来の教育では，一般的な認知能力の向上を目標としてきたが，これからの教育においてはメタ認知の向上を目標に含める必要がある。

参 考 図 書

市川 伸一（編著）（1996）．認知心理学4　思考　東京大学出版会
　問題解決だけでなく，思考全般にわたる研究を紹介したものである。専門的な内容ではあるが，わかりやすく解説され，思考に関する知識を得るための良書である。
清水 寛之（編著）（2009）．メタ記憶——記憶のモニタリングとコントロール——
　　北大路書房
　メタ記憶に関する研究を集めた専門的な内容の書である。しかし，人間の認知活動全般にわたるメタ記憶の役割を理解しやすい。
高橋 雅延（2008）．心理学入門コース2　認知と感情の心理学　岩波書店
　思考と記憶といった認知活動と感情をわかりやすく紹介した良書である。内容は専門的であるが，多くの知識を得るためには最適である。

第 11 章

教授学習理論

11.1 理想の教授法——個性（個人差）に応じた教授法

誰でも，効果的に学習が進められれば，理想的である。しかしそれができないのは，学習者の能力が原因の場合もあるが，多くはその学習者の個性（適性，個人差）に合った方法で学習しないからである。したがって，個性に応じた学習方法を準備するのが，望ましい教育ということになる。いいかえれば，どれほど優れた教授法であっても，個々の学習者にとっては相性がよくないこともある。その教授法が児童・生徒にとって効果的か否かは，学習者の個性（適性，個人差）に大きく関係しているのである。

クロンバック（1957）は，学習内容が同じであっても，児童・生徒の適性（知能，性格など）によって，教授法（処遇）の効果が異なるという現象を適性処遇交互作用（Aptitude Treatment Interaction；ATI）と名づけた。スノーら（1965）の研究では，大学生に物理学の内容を教える上で，映画によって教える方法と，教師が教える方法の効果を比較した。その結果，図 11.1に示すように，対人的積極性の低い学生にとっては映画による授業のほうが学習成績がよく，対人的積極性の高い学生にとっては，教師が教えるほうが成績がよかった。また，責任感の低い学生では，教師が教えるほうが，映画によって教えるよりも学習成績のよいことも示された。

一般に，「よい授業とは」という議論がなされるが，同じ方法であっても，学習者の個性によってその効果が異なるのであるから，「よい授業」も，学習者によって異なることを十分に認識しておくことが大切である。

11.2 講義法の長所と短所

個人差に応じた授業ができれば理想であるが，学校の教室では，教師が多くの児童・生徒に一斉に学習すべき内容を説明する授業が展開されている。このような授業形態は講義法とよばれ，①計画的に授業をすすめることができる。②多数の子どもをいっしょに教えることができる。などの長所を持っ

11.2 講義法の長所と短所

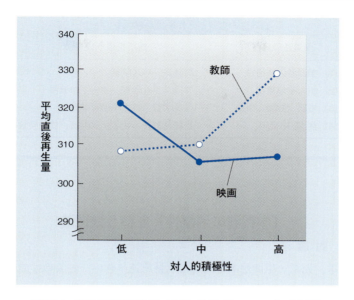

図 11.1　適性処遇交互作用（ATI）の例（Snow et al., 1965）

ている。しかし，以下に示すような短所（問題点）がある。
(1) 児童・生徒の学習に対する積極性が乏しくなる（学習者の消極性）。
(2) 児童・生徒の個人差に応じた指導ができない（個人差の無視）。
(3) 暗記的な知識の学習が中心になる（暗記（知識）中心）。
(4) ことばでの学習が中心になる（言語中心）。

　そして，講義法の短所を克服するための代表的な授業法をまとめると，表 11.1 のようになる。

表 11.1　講義法の短所とそれを補う教授法 （豊田，1994）	
講義法の短所	短所を補う教授法
(1)　学習者の消極性　→	討議法，バズ学習
(2)　個人差の無視　→	プログラム学習，オープン教育
(3)　暗記（知識）中心　→	発見学習，有意味受容学習
(4)　言 語 中 心　→	視聴覚教育・メディア教育，体験学習

11.3　「学習者の消極性」を補う教授法

11.3.1　討 議 法

　討議法は，児童・生徒がある問題に意見を述べ合い，討論の中で学習を進めていくもので，講義法での学習者の消極性という問題点を補うことができ，民主的な態度が養える。一般に，（a）問題の提起→（b）意見の発表→（c）意見の調整（話し合い）→（d）結論という4つのステップをたどるものであり，教師は子どもの問題のとらえ方や話し合いの進め方に対して助言を与え，クラス全員が積極的に参加できるように配慮する役割をとる。

11.3.2　バ ズ 学 習

　塩田（1970）は，討議法の一つとしてバズ学習を実践した。この方法は，図11.2に示したように，準備課題（導入），中心課題（展開），確認課題（整理）の3つの段階から構成されているが，各段階に「個人で考える」部分と「班で話し合う」部分とがある。まず，教師が講義法によって説明や助言を行い，その後，児童・生徒同士が班（小集団）で5分程度の話し合いを行う。この班（小集団）での話し合いがバズセッションとよばれ，この学習の中心である。そして，その後に各班（小集団）のリーダーがその班で話し合ったの内容を発表する。その発表された内容について学級全体の話し合い

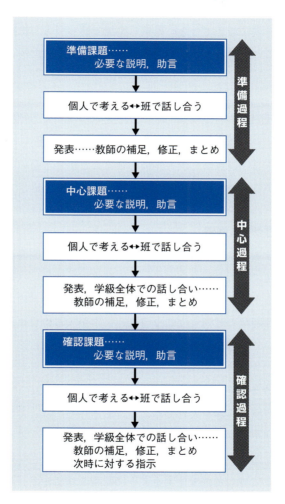

図11.2　バズ学習の段階（塩田，1970）

172 第 11 章 教授学習理論

がなされ，最後に教師によって補足，修正，およびまとめが行われるという
ものである。完全な討議法ではなく，講義法による一斉学習と討議法による
小集団学習がうまく組み合わされた方法である。小集団での話し合いは，性
格的に全体の討議に参加できない児童・生徒であっても，抵抗なく自分の意
見を発表することができ，それが全体の討議に反映された場合には大きな励
みとなる。

11.4 「個人差の無視」を補う教授法

　講義法の大きな問題点は，個人差に応じることができないことである。こ
の問題を解決するための個別学習の代表的な学習形態を紹介する。

11.4.1 プログラム学習

　プログラム学習では，学習内容に関連するいくつかの問題が続けて提示さ
れ，その各問題に学習者が自分のペースで解答し，最後には確実に学習内容
を習得できるように工夫されている。どのような問題をどのような順序でな
らべるかという問題の配列をプログラムとよぶが，このプログラムによって
学習がうまくいくか否かが決まる。プログラムには，主に以下に示す2つの
種類がある。

　直線型プログラム　　表11.2には，直線型プログラムの例が示されてい
る。実際に，空欄に回答を入れてみよう。おそらく，ほとんどの人が5で終
わる2桁の数字を2乗する方法を学習できたはずである。このような直線型
プログラムは，スキナー（1958）が開発したもので，やさしい問題から難し
い問題へと徐々に難しさが変化するように配列されている。これには以下の
ような5つの原理が基本になっている。

①スモール・ステップの原理……学習目標に到達するまでの過程を細かく刻
　んでいくことである。小刻み（スモール・ステップ）に問題が難しくなっ
　ていくので，それぞれの問題に対する誤りが少なく，誰でも確実に学習目

11.4 「個人差の無視」を補う教授法 173

表11.2 直線型プログラムの例 (杉村, 1979)

1. 5で終わる2桁の数を2乗するやさしい方法を勉強しよう。35は＿＿＿で終わる2桁の数です。

2. 5で終わる2桁の数を2乗するためには，まず10の位の数を見なさい。45の10の位は4です。75の10の位は＿＿＿です。

3. 85の10の位は＿＿＿です。

4. つぎに，10の位の数とそれより一つ大きい数をかけなさい。65のとき，10の位の数6とそれより一つの大きい数7をかけると42になります。また，25では2×＿＿＿＝＿＿＿です。

5. 35では，＿＿＿×＿＿＿＝＿＿＿。

6. 10位の数とそれより一つ大きい数をかけた結果を書きなさい。65のときは42，45では20を書きなさい。25のときは＿＿＿です。

7. 10位の数とそれより一つ大きい数をかけた答えのあとに，25を書きなさい。たとえば，35のときは12を書き，そのあとに25を書くと，1225になります。45のときは，20のあとに＿＿＿を書くと，2025になります。

8. 25では625です。65では＿＿＿。

9. 10位の数とそれより一つ大きい数をかけた答えを書き，そのあとに25を書くことによって，5で終わる数を2乗したことになります。85の2乗は7225，また，25の2乗は＿＿＿。

10. 35の2乗は1225，95の2乗は＿＿＿。

11. 55の2乗は＿＿＿。

12. 85の2乗は＿＿＿。

標に達することができる。

②**積極的反応の原理**……学習者が自発的に答えを出していくことである。すなわち，学習者の行動があってはじめて学習が成立するという考えである。

③**即時確認の原理**……学習者の答えの直後にその正誤を知らせることである。正誤を知らせるときが遅れると，学習効率が低下するという考えである。

④**ヒント後退の原理**……学習のはじめには，正答しやすいように多くのヒントを与えるが，学習が進むにつれてヒントを徐々に減少させていくことである。

⑤**自己ペースの原理**……学習者が自分に合った速さで問題への答えを出し，学習を進めることである。すなわち，問題を理解し考えるのが，速い者も遅い者も自分のペースで学習できる。個人差に応じる方法としてもっとも大切な原理である。

枝分かれ型プログラム　　表 11.3 に示すプログラムの例を見てみよう。

平田（1978）によれば，このようなプログラムは，クラウダー（1960）が提唱したものである。そして，学習者の答えによって異なるコースをたどることができるので，**枝分かれ型**とよばれ，以下のような考えがその基本にある。

①**認知構造の違い**……学習者が持っている認知構造には個人差があるので，それに応じるような問題を与える必要がある。そのために，学習者の答えに応じて次に示される問題が異なるような枝分かれ型のプログラムが用いられる。実際に，学習者が答えを出す場合には，いくつかの答えの中から正答を選ぶという多肢選択法を用いる。正答を選べば次のステップへと進むが，誤答の場合には，その誤答の内容に応じて別に用意された補充プログラムの問題をこなし，その後，もとのプログラムに戻るしくみになっている。

②**誤答の意義**……直線型プログラムではほとんど間違えることなく学習目標に到達することができるので，誤答の意義を認めていない。それに対して，枝分かれ型プログラムでは，誤答を知ることは正答を知るのと同じくらい学習にとって効果的であると考える。というのは，誤答を知ることで，学習者自身が自分の認知構造を認識できるからである。

次の演習問題で説明しよう。

> "I ＿＿＿ to the store yesterday." の空欄にあてはまる語を下の 4 つの選択肢から選びなさい。
>
> 　　　　　　　1　go　　2　went　　3　goed　　4　goes

11.4 「個人差の無視」を補う教授法 175

表 11.3　クラウダーの枝分かれプログラムの例（青柳ら，1985）

Lesson 5　ASKING THE WAY
　　　　（道をたずねる）

やり方

　まず，1番の質問に答えて下さい，答えは下から選びます。つぎに選んだ答えの後に書かれた番号のところへいきます。このように指示された番号の問に答えながら進めます。

1. ここから始めなさい。
　Can you ＿＿＿＿ me some information?
　　　　　take 14　give 2

2. 正解。次の問に答えなさい。
　We are going the right ＿＿＿＿.
　　　　　street 7　way 12

3. 正解。次の問に答えなさい。
　The church is that ＿＿＿＿.
　　　　　way 12　crossing 16

4. 正解。次の問に答えなさい。
　How ＿＿＿＿ is it to the bank?
　　　　　for 11　far 9

5. 誤り。次の文を読んで後の問に答えなさい。
　It is straight on.
　You can turn to the right here.
　Turn to the right ＿＿＿＿.
　　　　　mile 17　here 6

6. 正解。次の問に答えなさい。
　Can I turn ＿＿＿＿ at the next corner?
　　　　　straight 17　right 15

7. 誤り。次の文を読んで後の問に答えなさい。
　The theatre is that way.
　This is the way.
　That ＿＿＿＿ the wrong way.
　　　　　am 16　is 3

8. 誤り。次の文を読んで後の問に答えなさい。
　John went home for his book.
　She doesn't live far from here.
　＿＿＿＿ not very far from the post office.
　　　　　Your 11　You're 4

Lesson6 へ進みなさい。

9. 正解。次の問に答えなさい。
　It's a long ＿＿＿＿ to the airport.

　　　　　Weigh 14　way 12　went 32

10. 誤り。次の文をよく読んで次へ進みなさい。
　Take her that pencil.
　Jack gave it to her yesterday.
　John gives her a book.
　What did she take to him?
　　　　　Return to 1

11. 誤り。次の文をよく読んで次へ進みなさい。
　John didn't go very far.
　How far am I from it?
　My house isn't far away.
　What did he go for?
　　　　　Return to 15

12. 正解。次の問に答えなさい。
　Turn ＿＿＿＿ at the next crossroads.
　　　　　straight 5　right 15

13. 正解。次の問に答えなさい。
　John will ＿＿＿＿ me that information.
　　　　　give 2　take 10

14. 誤り。次の文をよく読んで次へ進みなさい。
　I can give you the information.
　She can take her car.
　I will take it with ＿＿＿＿.
　　　　　me 13　I 10

15. 正解。次の問に答えなさい。
　It is no ＿＿＿＿ to the school.
　　　　　far 9　for 8

16. 誤り。次の文をよく読んで次へ進みなさい。
　Which way is it to the bank?
　It is this way.
　Who knows the way to the airport?
　You have to go that way.
　　　　　Return to 2

17. 誤り。次の文をよく読んで次へ進みなさい。
　Turn left at the next corner.
　You can only turn right.
　We must go straight on.
　Go to the left at the next crossroads.
　　　　　Return to 12

176　第 11 章　教授学習理論

　これは，英語の動詞の時制変化の学習に関する問題であり，正答は went
である。誤答の "goed" を選んだ学習者は，"go" が不規則変化動詞である
という認識がないことになる。また，"go" を選んだ場合は，過去形につい
ての認識がないと考えられ，さらに "goes" を選べば，人称の区別と時制の
認識の両方がないと考えられるのである。このように，枝分かれ型プログラ
ムは，学習内容に関する知識（認知構造）に大きな個人差がある場合に適し
ているといえる。

プログラム学習とコンピュータとの関係

　図 11.3 には，コンピュータによる学習支援の変遷が示されている。コンピ
ュータを用いた教授学習のシステムを CAI（Computer Assisted Instruction）
とよぶが，沖林（2008）によれば，CAI の利点は，教材をコンピュータで提示
することにより，機械化された教授学習システムにもとづく個別学習を多人数
に実施できる点にある。図中の伝統的 CAI（第 1 世代）は，もっとも初期の学
習支援システムの形態とされている。ここでは，学習者が，ディスプレイに表
示される問題に対して答えを入力するという形式で学習を進める。このような
学習は，上述した枝分かれ型のプログラム学習に対応するもので，伝統的 CAI
によって，学習者が自己ペースで学習を進めることを可能にしたものである。

　インターネットを利用した学習を e ラーニング（e-learning）とよぶが，沖
林（2008）は，その特徴として，従来よりも大幅に自由度の高い遠隔教育を可
能にするという点をあげている。もっとも驚くべき例としては，宇宙飛行士が
スペースシャトルで行っている実験を，地球に住む私たちがほぼリアルタイム
で見られることなどである。また，コンピュータによる協調学習の支援という
特徴もある。

　このようなコンピュータ支援による協調学習を CSCL（Computer Supported
Collaborative Learning）とよぶ。森（2006）は，CSCL による協調学習の長所

11.4 「個人差の無視」を補う教授法

として，共通のテーマを追求しているグループ間での学習が促進され，互いに学習内容に関するほかのグループの取り組みについても認識できることを指摘している。また，三宅・白水（2003）は，CSCLによって，自分の考えを証拠立てたり，他人の考えにコメントしたりするように，自ら学び，考えるために必要な自己効力感が高まることを報告している。このように，コンピュータを利用した学習は，単なる情報検索のための便利な道具という枠組みを越えて，学習者の学習意欲の向上に非常に有用なものとなっている。

近年では，コンピュータだけでなく，インターネットも含めた情報通信技術を総称して，ICT（Information and Communication Technology）とよんでいる。そして，このICTを活用した教育方法は学校教育へと導入されている。タブレットを用いた授業や，遠隔地と結んだ授業等がこれまで以上に盛んに行われている。

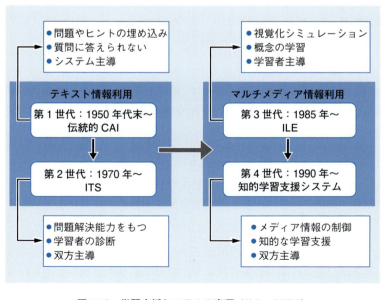

図11.3　学習支援システムの変遷（井上，2006）

11.4.2 オープン教育

オープン教育とは，教授法というだけでなく，教育形態という広い意味を持っている。これはイギリスの幼児学校（infant school）で行われた非公式教育（informal education）での教育実践がアメリカで発展してきたものである。

オープン教育を実践する学校は，オープン・スクールとよばれており，その特徴は，以下の通りである。

①一斉授業のように始業ベルなどによって時間が区切られない。

②子どもは自分で学習計画を立て，その計画を実行するための教材・教具を選ぶ。

③児童・生徒は，自分のペースで黙々と自分の学習に取り組む。

④教師は，知識の教授者ではなく，子どもの自発的な学習の援助者になる。

⑤学級という集団が解体され，より柔軟性のある集団がつくられる。

⑥個々の児童・生徒の興味・関心に応じる必要があるので，教材・教具が豊富である。

⑦個々の子どもの異なった学習活動に応じるための広い空間（オープン・スペース）がある。

「きのくに子どもの村学園」がオープン・スクールとして有名である。1992年に開校されたが，著者は，この学園を訪問した際に，校長先生から，「この学園には登校拒否はないが，下校拒否がある」と聞いたことがある。在籍する子どもたちは学校が楽しいので，学校から帰りたがらないのである。全国で不登校児童・生徒数が多くなっているが（第13章参照），学校の雰囲気が児童・生徒の学校への登校意欲を促す上で重要であることが示唆されるケースであった。この学園の教育方法の中心には，「自己決定」という原則がある。学習計画や行事の立案が子どもと指導の大人（学園では，「せんせい」とよばない）の話し合いで決まり，自分の入るクラスも子どもたちが選ぶそうである。すなわち，子どもたちが自分で課題を見つけ，計画を立て，自分でその計画を実行し，解決していく過程があり，そこに大きな学びがあ

る。学習するのは子どもたち自身であり，その子どもたちが自分で選択した学習対象に対して，懸命に努力する姿勢は，第8章で紹介した内発的動機づけが反映された理想の学習環境といえるかもしれない。

11.5 「知識（暗記）中心」を補う教授法

11.5.1 発見学習

　ブルーナー（1961）が提唱した授業法である。そこでは，教師が説明を行うのではなく，児童・生徒が自分たちの力で新しい知識や問題解決の方法を習得する。**発見学習**（discovery learning）の長所としては，

①問題解決にすぐに役立つような知識をつくることができる。

②自分の力で知識を求めようとする内発的動機づけを高めることができる。

③問題解決のための技術を習得することができる。

④学習した内容が忘却されにくい。

ということがあげられる。学校教育では，板倉（1966）によって提案された仮説実験授業として実践されている。この授業では，教師が，「こんな実験をしたらどうなるだろうか？」と問題を出し，児童・生徒にその結果を予想させる。その予想に関する選択肢から，自分が予想する結果を選択させ，教師は予想の分布を板書などによって紹介する。次に，児童・生徒が自分の選択した予想が正しい理由を述べ，クラスで討議する。そして，その討議が終わったら，実際に実験した結果を検証するのである。討議の過程において，自分の意見をよく理解し，他人の意見を聞き，それに対して反論する経験は，深い理解を促し，学習として定着しやすい。

　ただし，仮説実験授業のように，児童・生徒からの行動にすべてがゆだねられる純粋な発見学習では授業進行が遅れる可能性が高い。それゆえ，実際には「（教師に）**導かれた発見学習**」である場合が多い。小森（1978）は，導かれた発見学習の例として，小学生の算数教材の中にある展開図の問題をあげている。たとえば，**図11.4**の左側に示した立方体の頂点Aより頂点Bへ

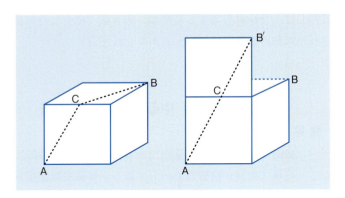

図 11.4　導かれた発見学習の問題例（小森，1978）

の最短距離を求める問題を考えてみよう．展開図について何もいわないでこの問題を解かせたら，多くの児童・生徒が考えこんでしまう．ところが，あらかじめ厚紙などで展開図を作成し，それをもとにして立方体をつくった後では，児童・生徒はすぐに図 11.4 の右側に示すような解法を考えつき，簡単に解いてしまうのである．

　では，導かれた発見学習は，本来の発見学習と比較するとその効果はどうなのであろうか．ガニエとブラウン（1961）は，中学，高校生に数列の和の学習をさせ，そこでの「発見学習」と「導かれた発見学習」の効果を比較した．発見学習をする生徒たち（発見学習群）には，必要なヒント以外はすべて生徒にまかされ，必要な概念の説明も，体系立てた練習もしなかった．導かれた発見学習をする生徒たち（導かれた発見学習群）は，必要な概念を学習した後で，和を出すためには何が必要であるかを考えさせる練習を行った．この練習は，和を出すための一般的法則にいたるまで続けられた．その結果，導かれた発見学習群のほうが，発見学習群よりも成績がよかったのである．

　小森（1978）は，導かれた発見学習が発見学習よりも優れている点を指摘しており，豊田（2003）の考えを入れて，まとめると以下のようになる．

11.5 「知識（暗記）中心」を補う教授法 181

① 課題（学習）内容の構造を知るという上では，発見学習よりも導かれた発見学習のほうが体系的に教えられるので効率がよい。

② 発見学習では，体系化されていないために，課題内容によっては思いもつかない誤答が発生し，それが学習を妨害する可能性がある。それに対して導かれた発見学習では，課題内容の構造を知識としてとらえることができるので，誤答が発生する可能性が低く，それによるの学習の妨害も少ない。

③ 発見学習では，課題解決のためのヒントが児童・生徒同士の話し合いの中にあるためにそのヒントが偶然的に得られることになる。導かれた発見学習では，教師のヒントが計画的に与えられるので，児童・生徒はそのヒントを確実に得ることができる。

ただし，「導かれた発見学習」が期待通りに進むためには，以下のような教師の指導が適切になされなければならない。

① 児童・生徒に知識を教えるのではなく，援助する役割をとる。

② 児童・生徒が間違った場合にも，そのことを非難されないような雰囲気をつくる。

③ 誤った結論にいたった場合には，その誤りを指摘するのではなく，それが誤りであることに気づかせる。

11.5.2　有意味受容学習

発見学習でなくても，児童・生徒が学習内容を理解しないままで機械的に暗記しようとする問題を防ぐことができる。この点に関する重要な考え方として，**有意味受容学習**を紹介してみよう。**表 11.4** は，学習を 4 つの型に分けて示している。発見学習では，学習内容がそのままの形では提示されず，子どもたちによって発見されることを意図している。一方，受容学習は，学習内容がそのままの形で呈示される。講義法における学習が，これにあたる。たとえば，「三角形の内角の和は 180 度である」というルールを学習する場合，発見学習では，三角形の 3 つの角を分度器で計らせたり，三角形の 3 つの角を切り抜いてつなぎ合わせるという作業をさせ，3 つの角がまとまると

表 11.4　学習の 4 つの型 (Ausubel, 1963)		
	発　見	受　容
有 意 味	有意味発見学習	有意味受容学習
暗　記	暗記発見学習	暗記受容学習

ちょうど直線になる（180 度）ことを子どもたちに見つけさせる。

　これに対して受容学習の場合は，いくつかの三角形を示して，それぞれの内角の和が 180 度になることを証明し，この定理を適用できる場合を教えるのである。ただし，この受容学習は，児童・生徒の学習内容の受け入れ方によってさらに 2 つに分けられる。すなわち，児童・生徒の**認知構造**（知識の量，明確さ，およびまとまりを含んだ知識の状態を示すことば）とは無関係に機械的に暗記させるような暗記受容学習と，認知構造と関連づけさせる有意味受容学習である。たとえば，「四角形の内角の和は 360 度である」といったルールをそのまま覚えようとするのが前者であり，「三角形の内角の和は 180 度である」というすでに知っている知識を利用して，上記の新しいルールを理解しようとするのが後者である。いいかえれば，前者は，新しい学習内容を自分の知識に強引に詰め込もうとする丸暗記的な学習であり，後者は自分の持っている知識の中にうまく組み入れようとする学習である。したがって，前者よりも後者による学習のほうが定着しやすいといえる。そして，オーズベル（1963）は，この有意味受容学習を授業の方法として，推奨したのである。

　有意味受容学習の中でもっとも重要なことは，新しい学習内容と子どもの認知構造とを関連づけることであり，そのために用いられるのが，**先行オーガナイザー**（advanced organizer）である。先行オーガナイザーとは，学習者の既有知識と新しい学習内容を関連づけるための情報である。ただし，オ

11.5 「知識（暗記）中心」を補う教授法   183

ーガナイザーもその役割によって，以下のように分けられる。

解説オーガナイザー　　学習内容が，児童・生徒になじみのないものである場合には，学習内容についてのおおまかな説明となる情報を提供する。オーズベル（1960）は，大学生に鉄鋼の性質を述べた文章を読ませ，その内容を学習させた。その際，2つの条件が設けられ，一方の条件（実験群）には，文章を読む前に，**解説オーガナイザー**として，金属と合金の共通点と差異点，長所と短所などに関する説明を与えた。もう一方の条件（統制群）には，鉄鋼石からの鉄の精錬法に関する歴史的な経過を説明した。その結果，実験群のほうが統制群よりも文章の内容を保持している割合が大きかった。これは，解説オーガナイザーが枠組みとなってこれまで持っている金属と合金に関する認知構造の中に鉄鋼の性質という新しい知識がうまく組み込まれたことによる。

比較オーガナイザー　　新しい学習内容とすでに知っている内容とを対比的にとらえるような説明を与えると，学習が促進される。このような枠組みを**比較オーガナイザー**とよぶ。オーズベルとユーセフ（1963）は，この比較オーガナイザーの効果を示した。そこでは，大学生に仏教に関する文章を学習させるのであるが，文章を読む前に，実験群に対しては，仏教とキリスト教の主な共通点と差異点を示した比較オーガナイザーが提示された。その結果，比較オーガナイザーが提示されていない統制群と比較して，実験群は学習が促進され，その効果は，キリスト教についての知識の乏しい大学生においてより大きかったのである。この結果は，比較オーガナイザーによって大学生がよく知っている既有の知識（キリスト教）と学習内容（仏教）との関連性（弁別性）が明確になるためであると解釈された。

図式オーガナイザー　　これは大村（1977）によって提唱されたものである。学習内容に含まれているいくつかの概念の関係や学習する順番を図式的に示すものであり，**教授マップ**とよばれることもある。このオーガナイザーによって，児童・生徒は自分の学習していくコースと自分の現在の位置を明確につかむことができ，学習が促進される。

第 11 章　教授学習理論

以上に述べた先行オーガナイザーの有効性について，梶田（1978）は以下のようにまとめている。

①おおむねオーガナイザーを提示することによって学習は促進される。

②言語能力の低い者，学習内容を分析的に見る能力の低い者ほど，オーガナイザーによる促進効果が大きい。

③学習内容が極めて難しい場合には，能力の高い者に対してもオーガナイザーの効果が見られる。

11.6 「言語中心」という問題点を補う教授法

11.6.1 視聴覚教育とメディア教育

　ラジオ，テレビなどの放送教材をはじめ，ビデオ，スライド，コンピュータなど，視聴覚を通して児童・生徒に具体的イメージを喚起させ，言語のみでは十分に伝えることができない内容を学習させる方法である。森田（2008）は，多様な機器を活用し，情報の質や提示のあり方などへの理解を深めるというメディア教育が普及した背景には，IT（Information Technology；情報技術）の発展や，教師自身が視聴覚に訴える教材を容易に作成できるようになってきたことなどがあると指摘する。また，メディアを活用する教育方法には，以下に示す3つの利点をあげている。

①個別から集団までのあらゆる規模での学習を可能にし，学習者の学習活動が柔軟に行える。

②クラスの枠による制限がなく，教材・教具を授業の形態に合わせて柔軟に配置し，活用できる。

③講義法の中で資料を提示する方法のみならず，コンピュータを活用して調べる学習や習熟度に合わせた学習などを併用させることができる。

　さらに，メディア教材には，以下のような教材が含まれる。

①視覚教材……平面教材（イラスト，地図），立体教材（模型，標本，実物見本），投影教材（スライド，OHP，液晶プロジェクタ）

11.6 「言語中心」という問題点を補う教授法

②**聴覚教材**……ラジオ，LL（Language Learning）システム，CD，デジタル音源機器

③**視聴覚教材**……映画，テレビ番組，DV（Digital Video）などビデオ教材

④**そ の 他**……触覚や嗅覚を対象としたヴァーチャル機器（例：臭いの素を合成することにより，人工的に特定の物質の香りを組成する機器）

などである。

　メディア教材の活用に関しては，一般に，視覚や聴覚など，多様な感覚を通して学習するほうが，イメージを喚起しやすく，学習効率がよいと考えられている。しかし，過剰な情報提示によって，かえって注意を分散させたり，冗長な情報への注目を促してしまう可能性もある。児童・生徒に学習させる内容によって，どのような教材を用いるべきかを十分に検討する必要がある。

　通常，どこの学校でもテレビが設置されていて，NHK の教育番組などを授業に取り入れている。このような授業を**放送教育**とよんでいる。ただし，適切な指導をしないと，児童・生徒にとっては単にテレビの時間ということになる。そこで，以下のような指導が必要である。

①**視聴前の指導**……番組の概要を説明し，とくに注意して視聴すべき点を明確にする。

②**視聴中の指導**……児童・生徒の視聴の様子に注意するとともに，VTR 録画した番組であれば，途中でポーズを入れて，理解の程度をチェックしたり，簡単な説明をつけ加えたりする。

③**視聴後の指導**……番組の要約，気づいたこと，驚いたこと，今まで習ったことと違う点，疑問点，感想，調べたいことなどをノートにまとめさせたり，番組の内容について討議させたりする。次の番組視聴の予告をすると授業に対する期待が高まる。

11.6.2 体験学習

　碓井（1990）によれば，「体験学習とは，観察・調査・見学・飼育・勤労・奉仕などの実際的・体験的活動を通じて，感覚機能を使って対象に直接

はたらきかけ，そこから事実や法則を習得する学習方法の一つ」である。た
とえば，校外での宿泊野外活動の場合，児童・生徒は，話し合いによって，
食事の内容，燃料の確保，テントの設営，トイレの設置などを進めていく。
また，野菜づくりの場合は，荒れ地の開墾，肥料の散布，種まき，雑草取り，
水まき，害虫駆除，収穫などの行程で生じる問題を，自分たちで一つひとつ
解決していく。教師は，解決の途中で必要に応じてヒントを与えたり，児
童・生徒には困難な技能が求められた場合に援助を与えるのみである。

　デューイ（1902）が「為すことによる学習」の重要性を主張し，児童・生
徒の直接経験が学習を促進することを唱えたが，**体験学習**はこの直接経験の
重要性に加えて，以下に示すような利点がある。

①五感を通した体験によってこれまで持っていた知識を再構成することがで
　きる。

②知識を得るまでの過程を体験することになるので，より深く理解でき，学
　習の定着もよい。

③自分の知識，技能，および態度を駆使することによって柔軟な問題解決の
　態度が育成され，その態度はほかの場面にも適用できると期待される。

　最近の児童・生徒は，実物にじかにふれる機会が乏しいといわれているの
で，この体験学習の意義は大きい。

　近年，**アクティブ・ラーニング**という用語が多く使われている。元々は大
学教育において用いられた語であるが，高校以下の学校教育においても用い
られるようになった。文部科学省によれば，「アクティブ・ラーニングとは，
教員による一方向的な講義形式の教育とは異なり，学修者の能動的な学修へ
の参加を取り入れた教授・学習法の総称。学修者が能動的に学修することに
よって，認知的，倫理的，社会的能力，教養，知識，経験を含めた汎用的能
力の育成を図る。発見学習，問題解決学習，体験学習，調査学習等が含まれ
るが，教室内でのグループ・ディスカッション，ディベート，グループ・ワー
ク等も有効なアクティブ・ラーニングの方法である（「新たな未来を築く

11.7 教授学習における教師の役割 187

ための大学教育の質的転換に向けて」中央教育審議会答申　平成 24（2012）年 8 月）」とされている。講義法による受容的な学習は情報のインプット（入力）がその学習活動の中心であるが，アクティブ・ラーニングは，学習者による情報のアウトプット（出力）をその中心としている。児童・生徒が自分の学習内容を発表したり，それを利用した問題解決に取り組むというアウトプットを通して，より学習が深まり，より応用力のある知識が習得できることを目指しているのである。

11.7 教授学習における教師の役割

　学校教育のカリキュラムには多くの単元がある。そして，各単元に対してどの教授法を用いるのかを決めるのは，教師である。すなわち，実際に授業をつくっていくのは教師である。したがって，教師によって，児童・生徒の学習が決まる。小学校の児童においては，ほぼ全教科を担任の教師が行い，児童の個人差を理解した学習指導や生活指導がなされる。中学校の生徒に関しても，各教科の学習指導の重要性は高く，担任の教師は生活指導だけでなく，進路指導に関しても関与することが多くなっている。このように，教師は，授業だけでなく，児童・生徒の生活全般に対しても大きく関わっている。

11.7.1 教師のリーダーシップ

　三隅・吉崎・篠原（1977）は，教師のリーダーシップを集団目標達成（Performance；P）機能と集団維持（Maintenance；M）機能からとらえている。P機能とは学級という集団を目標（たとえば，児童・生徒の学習の達成）に向かって方向づける働きであり，児童・生徒の学習促進を促すような行動は，P機能に対応する行動である。たとえば，児童・生徒に対して，学習意欲を喚起するような話をしたり，宿題を厳しく指導したり，勉強の仕方に助言を与えたりするような行動をさす。一方，M機能とは学級集団のまとまりを促し，安定した集団にする働きである。たとえば，児童・生徒の相

談にのったり，優しく言葉をかけたり，どの児童・生徒に対しても公平に対応するような行動をさす。

このP機能とM機能の組合せによって，教師は，以下の4つのタイプに分かれる。①PM型：P機能もM機能もある教師，②P型（Pm）：P機能はあるが，M機能が乏しい教師，③M型（pM）：M機能はあるが，P機能が乏しい教師，④pm型：P機能もM機能も乏しい教師，である。これまでの研究において，総じてPM型の教師が児童・生徒に対してもっとも望ましい影響を与えていることがわかっている。ただし，学習意欲及び規律遵守ではP型とM型に差はないが，学級の連帯性はM型のほうが高く，児童・生徒の学級への不満もM型のほうが少ないことがわかっている。したがって，教師としてはM機能を発揮できるように努力する姿勢が大切であるといえよう。児童・生徒の学習状況に気配りをして，個別に助言や励ましを与えることが学習を促すことにつながるのである。

11.7.2　教師の言葉と原因帰属

　教師の児童・生徒への言葉かけは重要である。奥山・新井（1991）は，小学5，6年生を対象として，児童のやる気がでる言葉とやる気を失う言葉を調べている。その結果，やる気のでる言葉は，教師が目標達成への希望を見出させるもの（たとえば，「やればできるじゃないか」「よくできたね，次のテストも頑張れよ」「もう少しだから頑張れよ」）であり，やる気を失う言葉は，希望を失わせ，人格否定を含むものが多い（たとえば，「どうしてお前は頭が悪いのだろう」「こんなことは幼稚園の子どもでもできるぞ」「できているが，まぐれではないのか」）。学習達成への希望を見出せるような言葉かけが，児童・生徒の学習意欲を促すのである。

　第8章において，原因帰属によって児童・生徒の学習意欲が決まることを紹介したが，教師の言葉かけが児童・生徒の原因帰属の仕方を決めることがある。テストで悪い点をとった児童・生徒に教師が「今度は少し努力が足りなかったのかな？　でも次には，もっと頑張れば，きっと良い点がもらえる

11.7 教授学習における教師の役割

よ」と言葉かけすれば，児童・生徒は自分の失敗の原因を努力帰属（「努力が足りなかった」）する傾向が高まる。教師が「努力することによって今の事態をよい方向へ変化させることができる」という信念，すなわち努力重視の価値観を持って児童・生徒にかかわることが必要なのである。成績の悪い児童・生徒に対して，自分の教授法の適切さも省みないで，「この子は，能力的にだめだな」などと考える教師は，児童・生徒を能力帰属に方向づけているようなものである。成績が悪かったなら，その原因は「自分の教授法にあるのではないか」と考え，教授法を工夫する教師は，努力帰属に方向づけているといえよう。教授法を工夫したおかげで，今までわからなかった児童・生徒が，少しでもわかったという経験を持つようになる。その結果，「自分でもわかる」という自分の能力に対する自信ができ，「わからないのは，自分の努力が足りないからだ」という気持ちがわいてくるのである。ただし，速水（1981）によれば，ベテランの教師は学業不振児の原因を自分の教授法のまずさに帰属することに対して抵抗するものらしい。教授法の工夫にもかかわらず，成績の上昇が認められない場合もあるかもしれないが，教授法の工夫を継続する努力が必要であろう。その背景には，「どんな子どもでも何とか工夫すれば，うまく教えることができる」という教師自身の信念がある。そして，その信念は教師自身の自己効力感に裏打ちされているといえよう。すなわち，「うまく教えられそうだ」という期待が大切なのである。

参 考 図 書

堀 真一郎（1997）．自由学校の設計──きのくに子どもの村の生活と学習──
　　　黎明書房
　オープン教育を実践している学校の運営に関する教育理念を紹介した本である。ユニークな学校運営と教育方針がよくわかる。
井上 智義（編）（2006）．視聴覚メディアと教育方法 Ver.2　北大路書房
　視聴覚メディアと教育方法に関するツールの活用を，新しいユニークな内容も含めて，広範囲に解説した良書である。

上廻 昭（1990）．授業への挑戦 68　仮説実験授業への道　明治図書出版

　著者の授業記録を中心にした内容であり，非常に具体的に解説されている。仮説実験授業を実践する際のイメージづくりに最適である。

田中 俊也（編著）（2017）．教育の方法と技術――学びを育てる教室の心理学――
　　ナカニシヤ出版

　アクティブ・ラーニング，ICT を活用した教授法，多様な教育評価等の最近の教育方法に関する専門的な内容をわかりやすく解説している。

第12章

評価

12.1 教育評価の意義と視点

　評価というと，テストの得点によって，成績をつけるというイメージが強いかもしれない。しかし，教育評価とは，児童・生徒の成績をつけることではない。テストによって得点を出すのは，本来，児童・生徒の学習がうまくいっているか否かをチェックするためである。いいかえれば，児童・生徒の学習を促すために，教員が上手な教え方をしているかどうかを確認するためのものなのである。したがって，教育評価とは，児童・生徒のために実施されると同時に，教員のためにも実施されるものである。それゆえ，評価したことによって，教員による教育活動が改善され，児童・生徒の学習が以前よりも促進されることになるのが理想なのである。

　このような意義を考慮すると，望ましい評価をするために，杉村（1988）による以下の3つの視点が重要である。

12.1.1　指導に役立つ評価

　一昔前まで評価は，学期末や学年末に通知票や指導要録をつくることであると考えられていた。しかし，学期末において児童・生徒の成績を格づけしたり，学級内の位置づけを示すだけの評価は，その後の指導にほとんど活かされない。そこで，指導に役立つ評価が重視されるようになってきた。これは，指導のための評価やフィードバックとしての評価とよばれ，後に述べる形成的評価はその代表例である。

12.1.2　達成基準にもとづく評価

　学級などの集団の標準にもとづく相対評価がよく用いられていたが，近年，達成基準（到達度）にもとづく絶対評価が重視されている。それは，相対評価に対する批判，教育目標をより具体的な行動目標にして児童・生徒の学習を促進しようとする動き，個人差に応じる学習の重要性の指摘などから生じたものである。しかし，達成基準（到達度）は教師の主観によって設定され

12.2　評価の種類Ⅰ——基準による分類　　193

る場合もある（詳しくは，後で述べる）。それゆえ，教育目標に対応する具体的行動目標と，それを評価するための客観的な達成基準を設定する必要がある。

12.1.3　教育システム改善のための評価

　評価されるのは児童・生徒であるため，評価の結果が悪いときには，その責任はすべて児童・生徒側にあると考えられがちである。しかし，教育目標に到達できない場合の多くは，決して児童・生徒に原因があるとはいえない。教育内容が児童・生徒の学力水準に合っていなかったのかもしれないし，教師の指導技術が未熟であったのかもしれない。したがって，根本的にカリキュラムや指導方法など，教育システムの改善をはかることが必要であり，そのための評価としての位置づけが大切なのである。

12.2　評価の種類Ⅰ——基準による分類

12.2.1　相 対 評 価

　個人が属する集団の標準（例：平均点）を基準として評価する方法であり，標準学力検査など，集団内での順位を算出する場合にはすべてこの評価ということになる。相対評価の表示法は，以下の通りである。

①**段 階 評 定**……各段階の人数に制限がある（絶対評価の場合はない）。

　　　例：5段階の場合には

　　　　　　1 = 7%　　　2 = 24%　　　3 = 38%　　　4 = 24%　　　5 = 7%

②**偏 差 値**……標準学力検査など。

③**順　　位**……学級または学校内の順位など。

　相対評価の長所は，以下の通りである。

①教師の主観に左右されず，客観的な評価ができる。

②集団（学級，学校）内の位置づけが明確である。

③教科間の成績の比較ができる。

相対評価の短所は，以下の通りである。

①目標に達したかどうかわからないので，指導の適否を判断しにくい。

②児童・生徒を目標に向けて動機づけることが難しい。

③クラスメート同士の過度の競争を刺激する可能性がある。

④標準学力検査以外は，学校間や学級間での比較ができない。

⑤児童・生徒の個人差に応じた評価ができない。

12.2.2 絶対評価もしくは到達度（達成度）評価

先に紹介した相対評価は，客観的な評価として長い間用いられてきたが，2002年の学習指導要領の改訂により，評価の方法をこれから紹介する絶対評価とする方針が出されている。

絶対評価とは，教師によって設定された教育目標やねらいを基準として，それに到達したか否か，あるいはどの程度まで到達したかを評価することである。目標を達成したか否かを評価するので，達成度評価ともよばれている。絶対評価の表示法は以下の通りである。

①目標を達成したか否かは，〇×や合否で示す。

②目標達成の程度をいくつかの段階にして示す（例：5段階評価など）。

絶対評価の長所は以下の通りである。

①目標に達したか否かがわかるので，授業法が適切であるかどうかをチェックできる。

②児童・生徒を目標に向けて動機づけることができる。

③クラスメート間での過度の競争を避けることができる。

絶対評価の短所は以下の通りである。

①客観的な評価基準の設定が難しく，教師の主観的評価になりやすい。

②児童・生徒を相互に比較したり，教科間の成績を比較できない。

③児童・生徒の個人差に応じた評価ができない。

ただし，絶対評価は，認定評価と到達度評価に分けられる（梶田，2002）。表12.1には，この2つの評価の違いが示されている。認定評価は狭義の絶

12.2 評価の種類Ⅰ——基準による分類

評価基準	評価の観点		ポジティブな可能性	弊害の可能性
認定評価 （狭義の絶 対評価）	教師の頭の中 にある基準	教師の目から 見て満足か	今日的な教育観に沿 った人間形成の実現	教師盲従か不信
到達度評価	外的習慣的な 到達目標	到達目標の達 成の有無	自己教育の体制が身 につく	到達目標絶対視 ゆとりなし

表 12.1　絶対評価の 2 つのタイプ（梶田, 2002）

対評価に対応し，評価基準が主観的になりやすいという問題点を指摘されている。一方，到達度評価は，客観的で具体的な目標を設定し，それを基準として目標到達度を評価するので，上記の問題点はないと考えてよい。したがって，近年では到達度評価が重視されている。

12.2.3　個人内評価

個人ごとに基準を設定して評価する方法を指す。**個人内評価**には，**個人内差異評価**と，**努力度評価**もしくは**進歩の評価**とがある。

個人内差異評価　個人に見られる長所と短所を評価するものである。理科は優れているが，社会は劣っているなどの評価は，その例である。

表示法としては，個人の長所を＋印，短所を－印として表示したり，プロフィールで表示したりする

努力度評価（進歩の評価）　個人の過去の成績を基準にして，現在の成績を評価する。1 学期よりも，2 学期のほうが成績がよくなっているなどの評価は，その例である。表示法としては，進歩の程度に応じて，◎，○，△などで表示する。

個人内評価は，以下のような長所を持っている。

①個人差に応じた評価ができる。

②個人の長所と短所をとらえることができ，個別指導に有効である。

③個人の努力を評価するので，学習意欲が高められる。

　個人内評価は，以下のような短所を持っている。

①学級の人数が多い場合は個人ごとの基準を設定するのが難しく，教師の主観的な評価になりやすい。

②教育目標への到達，クラス内での位置がわからない。

③児童・生徒は一人よがりの自己満足に陥りやすい。

　図 12.1 は，絶対評価，相対評価および努力度評価の関係を示したものである。この図では仮に 3 人ずつの 2 つの学級があると考えよう。各人の線の長さは 1 学期と比較した 2 学期の成績の進歩を表すとしよう（矢印の先端は 2 学期の成績を示す）。

　まず，絶対評価（正確にいうと，認定評価）をした場合，教師が実線の所に目標を設定すれば，左の学級は全員不合格，右の学級は全員合格と評価されることになる。しかし，教師の設定する目標は主観的な部分が大きいので点線の所に目標が設定されれば，左の学級は全員合格，右の学級は全員が不合格ということになってしまう。

　次に，相対評価で 5 段階評定をした場合を考えてみよう。この場合には，C さんと F さんは 5，A さんと D さんは 1，B さんと E さんは 3 になる。実線を教育目標に設定した場合に不合格であった C さんが 5 になり，C さんよりかなり成績がよい F さんも同じ 5 である。D さんは C さんより成績はよいのに 1 である。

　最後に，努力度評価をした場合には，A さんと F さんは努力したと評価され，C さんと D さんはあまり努力しなかったと評価される。A さんは目標に達せず，学級内でも最下位であるのに，もっともよい努力度評価を与えられるということが起こってくる。

　上述したような極端な例はめずらしいが，成績は同じであっても，評価の基準を何にするかによって，評価の結果が著しく異なることがある。また，同じように 4 と評定されても，人数の割合を考慮する相対評価と，考慮しない絶対評価とでは，その意味が異なることに注意しなくてはならない。いず

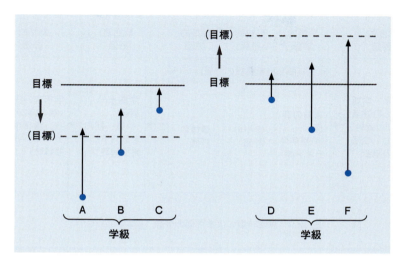

図 12.1　絶対評価，相対評価および努力度評価の比較（豊田，2003）

れにしても，通知票をわたすときには，学校で採用している評価基準が何であるか，どのような評価をしているかを，保護者に説明し，評価結果を冷静に分析できるように配慮すべきである。

12.3　評価の種類Ⅱ——評価の時期による分類

評価の時期によって分類すると，図12.2に示されているように，診断的評価，形成的評価，および総括的評価に分けられる。

12.3.1　診断的評価

学期のはじめや新しい単元に入る前に行う評価が**診断的評価**である。児童・生徒の知能や適性など，個人の能力を診断し，指導に生かすという意図がある。児童・生徒が実際に学習に入る前にする評価なので，**事前評価**とも

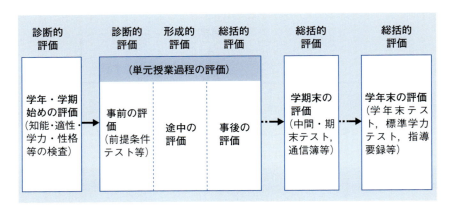

図 12.2　評価時期による評価の分類（橋本，1976）

よばれる。この診断的評価の目的は，次のようなものである。
①教材を精選し適切な指導計画を立てるための資料として活用する。
②授業に適応できない者（たとえば，学習困難児）の発見，およびその原因を探るための資料とする。
③学級編成やグループ分けの資料にする。

　これらの目的のために，さまざまなテスト，調査や教師の観察などによって，児童・生徒の**レディネス**（**学習準備性**），知能や性格，興味や意欲，知識の程度などが評価される。この診断的評価によって，これから教えようとする事項をほぼ全員が習得していることがわかったならば，あえて教えなくてもよいし，逆に，大部分の子どもが未習得の場合には，綿密な指導計画を立てて教えなくてはならない。

12.3.2　形成的評価

　形成的評価は，学習指導の過程で行われる評価であり，**途中の評価**ともいう。児童・生徒に教育目標を完全に達成させるために，ブルームら（1971）

により提唱された評価である。その目的は次の通りである。

①児童・生徒が自己の学習活動を調整したり，強化するのに利用する。

②指導計画や指導方法の適切さを判定し，改善するのに利用する。

③補充指導や助言が必要な者を発見するのに利用する。

　実際には，授業中に児童・生徒の表情，発言，挙手などの行動を観察したり，指導の区切りに行う小テスト（形成的テスト）によって行われる。

　形成的評価をするには，指導目標を教材の内容と児童・生徒によって習得される能力の面から分析して，いくつかの具体的な目標をつくることから始める。これらをまとめたものが目標細目表であり，授業の基本的な要素になる。次に，個々の目標を達成できたか否かをチェックするために形成的テストを作成し，指導の区切りごとに実施する。このテストによって達成された目標と達成されなかった目標とを確認し，未達成の目標を学習させるように指導する。未達成者が多い場合には，学習内容，指導計画，指導方法などを改善することになる。

形成的評価の背景──完全習得学習と教育目標の分類学

　形成的評価の背景には，完全習得学習という考え方がある。**完全習得学習**（mastery learning）とは，どのような児童・生徒でも教育条件を整えて指導すれば，教育内容を完全に習得し，教育目標を達成できるという考えである。この考えによれば，児童・生徒の能力の個人差は学習に要する時間と学習方法の違いによる。それゆえ，その児童・生徒に適した方法で時間をかけて学習することができれば，目標を必ず達成することができるというのである。そのためには，形成的評価によって学習のつまずきを早期に発見し，そのつど，児童・生徒に適した学習目標を設定する必要がある。そして，その学習目標を達成するために，児童・生徒に適した学習法に関する適切な指導を行う。これを繰り返していくことが大切なのである。いいかえれば，学習目標の設定における継続性と，学習活動における軌道修正が重要なのである。

　形成的評価の背景にあるもう一つの考えが，**教育目標の分類学**である。これは，教育目標を教材の内容と能力の面から分析して細分化し，より具体的な目標（行動目標）を設定することを奨励する立場である。行動目標が実際の授業目標（ねらい）であり，この目標に達したか否かが，授業中の行動観察や形成的テストによって評価されることになる。

12.3.3　総括的評価

　この評価は学期末や学年末に行われる評価であり，**事後の評価**ともいわれている。最後のまとめとしての意味が大きいので，細かい部分の評価というよりはその学期や学年において指導した内容全般にわたって評価する。**総括的評価**の目的は，以下の通りである。

①ある学期間あるいはその学年1年間の指導の成果を確認し，次学期または次年度の授業に利用する。

②指導要録に記載したり，通知票を作成するための資料にする。

③成績や単位を認定する資料にする。

　総括的評価は，教師が作成した期末テストによって行われる場合が多いが，指導の成果を全国的な標準と比較する場合には標準学力検査によって行うことになる。どちらの場合においても，その学期または学年において指導した内容全般について適切な評価がなされなくてはならない。

　表 12.2 は，上述した事前評価（診断的評価），形成的評価および総括的評価について，その主な特徴をまとめたものである。表のもっとも下の行には，

表 12.2　3 つの評価の比較 (杉村, 1988)		
事 前 評 価	**形成的評価**	**総括的評価**
目　　的　グループ分け 指導計画の作成 学習不適応者の発見	学習活動の調整 教授活動の軌道修正 治療的指導	成績や単位の認定 指導成果の確認 指導要録への記載
対　　象　広い能力	狭い能力	広い能力と狭い能力
方　　法　諸テスト 調査・観察	形成的テスト 観察	期末テスト 標準学力検査
時　　期　単元，学期，学年の はじめ	教授活動の進行中	学期，学年のおわり
評価基準　相対評価または絶対 評価	絶対評価	相対評価または絶対 評価

主として用いられる評価基準が示してある。形成的評価では，個々の形成的テストにおいて個人が合格したか否かを問題にしているので，達成基準にもとづく絶対評価を行っていることになる。

12.4 最近の評価

12.4.1 「見えにくい学力」の評価

　知識，理解，および技能は「見える学力」として評価されやすいが，「関心・意欲・態度」は，「見えにくい学力」であり，評価されにくい。近年では，後者の「見えにくい学力」に対する評価が重視されてきている。小野瀬（2002）は，「見えにくい学力」の評価技法（表12.3）や，評価の観点に対応する評価技法（表12.4）を示している。このように，従来の評価ではとらえにくかった児童・生徒の学力の側面を的確にとらえることの必要性が指

表 12.3　「見えにくい学力」の評価技法 (小野瀬, 2002)	
評 価 技 法	内　　容
質 問 紙 法	質問項目について筆頭により回答を求める方法
評 定 法	行動や事象を数直線等の一次元上に順序をつけ並べる方法
評定尺度法	順序づけられた2～7段階尺度で行動や事象の主観的評価を行う方法
ゲス・フー・テスト	集団内の個人の行動特性を「元気な子はだれ」のように問うテスト
チェックリスト	観察したい行動特性（例：活動性）の有無を○×式で問うテスト
客観式テスト	だれがいつ採点しても同じ結果が得られるよう工夫されたテスト
論文体テスト	「～について論ぜよ」形式で文章表現により回答させるテスト
問題場面テスト	教科書にない問題解決場面を材料としたテスト

第 12 章　評　　価

表 12.4　評価の観点に対応した評価技法 (小野瀬, 2002)	
評価の観点	評　価　技　法
関心・意欲・態度	質問紙法，論文体テスト，ゲス・フー・テスト，チェックリスト法
思考・判断	問題場面テスト
技能・表現	客観式テスト，チェックリスト法，評定尺度法
知識・理解	客観式テスト（単純再生法，選択法，組合せ法，選択組合せ法，真偽法，訂正法，完成法），論文体テスト
鑑　　賞	チェックリスト法，評定法，質問紙法

摘されているのである。

12.4.2　ポートフォリオ評価

　最近注目されている評価として，ポートフォリオ評価がある（小野瀬，2002）。ポートフォリオとは，児童・生徒に関する資料のファイルのことを指す。具体的には，授業中の児童・生徒の作品，答案，レポートおよびそのレポートに対する教師のコメントなどが含まれている。このポートフォリオ評価は，「総合的な学習」の評価技法として用いられてきたが，最近では，どの教科においても，児童・生徒の行った学習活動をすべてこの方法で評価する動きも多く認められる。

　鈴木（1998）によれば，ポートフォリオ評価の一つの実施形態は，ポートフォリオに含まれる個々の内容に対していくつかの観点を設定し，それぞれに児童・生徒と教師とが互いに対話をしながら，それぞれの観点における状況を確認して進めていくものである。このような児童・生徒との対話の中で，教師は児童・生徒の興味・関心や学習の仕方をとらえることができ，指導に役立つ情報を得ることができるのである。設定される観点の例としては，以下のようなものがある。小野瀬（2002）によれば，「重要な達成事項」として，①身体技能上の進歩，②社会的技能の進歩，③態度の発達，④概念の発

達，⑤学習過程上の技能の発達，である。

　ポートフォリオ評価においても評価基準が重要である。ここでいう評価基準については**ルーブリック**（rublic）という用語があてはめられているが，具体的な評価記述や尺度を指す用語としても用いられている。欧米ではこのルーブリックが明確に設定されている。西岡（2001）によれば，小学5年生における「理科の実験（データ収集）」では，「4 ＝データは実験結果を正確に反映する整理されたやり方で収集され，記録された」「3 ＝データは実験結果をおそらく反映しているであろうやり方で記録された」「2 ＝データは混乱したやり方で記録されたか，教師の援助があるときのみ記録された」「1 ＝データは，不完全な行き当たりばったりなやり方で記録されたか，教師がかなり援助した後でのみ記録された」となる。

12.4.3　パフォーマンス評価

　パフォーマンス評価の提案も盛んになされている。**パフォーマンス評価**とは，ある事項を実際に児童・生徒にさせてみてできるかどうかを評価する方法である。たとえば，理科において，実際に実験ができるかどうかを評価するような場合である。

　鈴木（2001）によるパフォーマンス評価を実施する上での留意点は，以下のように紹介されている。

①時間的に長期にわたる学習活動を評価する。

②通常のテストなどで評価しにくい生徒の能力，たとえば，実験・観察能力だけでなく，意欲・関心・態度も評価する。

③一定の意味ある学習活動を設定する。とくに，評価課題を何らかの現実生活の問題や場面と関わり合うようにする。

④複合的な技能や能力を用いる課題によって評価する。

⑤生徒が自分でつくり出すことを評価する。

　以上，最近の評価としてのポートフォリオ評価とパフォーマンス評価を紹介したが，これらの評価についても先に紹介した評価と同じく，長所と短所

が明確にされることが大切である。

12.5 テストによる評価

評価はテストの成績によってなされる場合が圧倒的に多いが，ここでは，テストの代表である標準学力テストと教師作成テストについて解説する。

12.5.1 標準学力テスト

標準学力テストとは「標準化」が行われているペーパーテストのことである。「標準化」とは，このテストの問題について全国的な広い範囲から，多数の参加者の資料を集め，その結果について統計的分析を行い，評価基準（学力偏差値や評定段階など）を作成し，「妥当性」が保証されることをさす。「妥当性」とは，そのテストが，評価しようとしている能力を測定する方法としてふさわしいかどうかという観点である。たとえば，文章表現力を評価するには，実際に文章を作成させるテストであれば妥当性があるといえるが，文中に空欄があり，それを埋めさせるような形式のテストではその能力を評価していることにはならず，妥当性があるとはいえない。

標準学力テストは，主に知的教科（国，社，算，理，英）について学年別，教科別につくられている。教師作成テストと区別するために，「標準」ということばをつける。テスト結果は全国的な基準（平均点）と比べて高いか低いかで示されるので，客観的な評価基準を持った相対評価である。

12.5.2 教師作成テスト

論文体テスト　　　自由記述法ともよばれる。「述べなさい」「説明しなさい」といった設問に対して，自由に解答させるテストである。具体的には，以下のような例がある。

①定　　義……知能とは何か　その定義を述べなさい。

②比　　較……絶対評価と相対評価を比較しなさい。

12.5 テストによる評価

③**関　係**……親子関係と性格の関係について述べなさい。

④**原　因**……学業不振に陥る原因について述べなさい。

⑤**要　約**……人間の発達におよぼす遺伝と環境の影響について要約しなさい。

⑥**意　見**……いじめの指導について，あなたの意見を述べなさい。

⑦**批　判**……教師の授業法について批判しなさい。

　この論文体テストの長所は，以下の通りである。

①知識や理解だけでなく，説明力，表現力，思考力，批判力などが評価できる。

②解答が偶然に左右されない。

　一方，短所は，以下の通りである。

①採点を客観的に行うのが難しい。

②出題範囲が狭くなり，児童の学習量が成績に反映されない。

③出題の意図があいまいになりやすい。

　これらの短所を是正するためには，以下のような配慮が必要である。

①あらかじめ模範解答や採点基準をつくっておく。

②文字の上手，下手など，評価の観点と関係のない要因に左右されないように注意する。

③学習内容を公平にテストできる問題を作成する。

④あいまいな設問をつくらない。

　客観テスト　　論文体テストの短所である採点の主観性を除去したことが最大の特徴である。大学入試センター試験のマークシート方式もまさにこの客観テストである。

　この客観テストの長所は，以下の通りである。

①採点が客観的にできる。

②出題範囲が広く，児童の学習量が成績に反映される。

③短時間に多くの内容をテストできる。

　一方，短所は，以下の通りである。

①高度な精神能力（思考力，文章構成力など）の評価には適さない。

②解答が偶然に左右される。

　客観テストには，以下に示すような種類がある。それぞれの長所と短所および留意点を述べる。

(a) **真偽法**……問題文の内容に対して「正しい」か，「まちがい」かの判断を求める方法であり，小学校低学年の知識や理解を評価するのに適している。長所は，「問題がつくりやすく，短時間に多くの問題が出せる」ことであり，短所は，「でたらめに答えても半分は正答になる」という点である。実施の際の留意点は，①答えが真と偽のものを同数ずつつくり，ばらばらに配列する，②答えの真偽が明確な文にする，③教科書そのままの文を用いない，といった点である。

(b) **多肢選択法**……いくつかの答え（選択肢）を用意しておき，その中から正答を選ばせる形式であり，真偽法よりも高度の精神能力を評価できる。長所は，「でたらめな正答率が低くなり，一つの問題文に対していくつかの正答をつくることができる」という点である。実施上の留意点は，①問題文を長くしない，②正答の選択肢の位置を固定しない，③選択肢はあまり多くしない（3～5個くらいがよい），といった点である。

　完成法　空欄にことばや記号を入れて答えさせる形式で，文の前後関係から判断しなくてはならず，比較的高度の能力を評価することができる。空欄に入れる回答の選択肢がある場合は選択完成法とよぶ。留意点は，①各空欄の正答は一つにする，②空欄には重要な単語や概念が入るようにする。③空欄は多くせず，大きさは同じにする，といった点である。

　組合せ法　事件と年号，書名と著者名，単語とその意味などを，正しく結びつけさせる形式で，相互関係の知識や理解を評価できる。多肢選択法と比べて問題をつくりやすい。実施の際の留意点は，①一群の項目ともう一群の項目数を同じにしない，②項目数は10くらいまでとする，③組合せの基準を明確にする，といった点である。

　上述したようなテストの方法の特徴をしっかりとらえて，適切な教育評価

を行うことが望まれている。

参考図書

安藤 輝次（2001）．ポートフォリオで総合的な学習を創る——学習ファイルから
ポートフォリオへ—— 図書文化社

　評価の新しい形式であるポートフォリオ評価に注目して，総合的な学習の実践へ
結びつけた良書である。学校教育現場で実際に行われているポートフォリオ評価の
あり方がよくわかる。

北尾 倫彦（2008）．授業改革と学力評価——求同求異論からの提言—— 図書文
化社

　現代の学校教育における評価の実際を解説し，そこでの問題点と学力向上への活
用法を的確にまとめた良書である。

森 敏昭・秋田 喜代美（編著）（2000）．重要用語 300 の基礎知識 19　教育評価
重要用語 300 の基礎知識　明治図書出版

　狭い意味での教育評価ではなく，広範囲に教育評価の重要語句の解説を行った辞
書的書である。それぞれの用語がコンパクトにまとめられて，わかりやすい。

第13章

特別支援

13.1 学力低下

近年，世界的にも学力に対する関心は強く，OECD（経済協力開発機構）や IEA（国際教育到達度評価学会）による学力調査が実施されている。わが国でも，2000 年から 3 年に一度のサイクルで OECD が実施している Programme for International Student Assessment（PISA）への参加や，2007，2008 年 4 月に全国学力・学習状況調査の実施などがなされている。これらの学力調査の結果から児童・生徒の「学力低下」が危惧され，それに伴う学校教育への関心も高まっている。

13.1.1 学力を規定する要因

学力低下の問題は深刻であり，学力向上をめざす試みが数多く行われている。児童・生徒の学力を規定する代表的な要因としては，基本的生活習慣，社会的生活習慣および学習習慣という 3 つの習慣と情動知能があげられる。

基本的生活習慣とは，睡眠，食事，排泄，清潔，衣服の着脱に関わる習慣のことである。幼児期の前期（およそ 4 歳くらい）までに習得することが望ましいといわれている。通常は，養育者のしつけによって形成されるが，それが不適切である場合には，この習慣が習得されないままで学齢期をむかえることもある。次に，社会的生活習慣とは，挨拶や礼儀など，人間関係に関わる習慣のことである。この習慣は，幼児期後半（およそ 6 歳くらい，小学校に入学するくらいまで）に形成されるのが，望ましいとされている。子どもは親の行動を見て，挨拶の仕方や礼儀作法を習得する。また，保育園や幼稚園の集団生活の中で他児の行動を見て，習得していく場合も多い。先の第 6 章で紹介した観察学習により形成されるのである。小学校に入ってからは，より一層，集団内での生活が重要になるため，そのころまでに社会的生活習慣が形成されているということは，学校へ適応していく上で重要な条件なのである。そして，学習習慣は，帰宅したらすぐに宿題をするというような，学習に関する習慣である。この習慣は，児童期の前半（小学校低学年）に形

13.1 学 力 低 下

成されるのが望ましいとされる。学習習慣がつけば，自然と学習する機会が提供され，学力の向上が期待できる。

そして，情動知能には，自分の感情を理解し，それをコントロールする力が含まれる。学習活動において，時には否定的な感情も生じる。その際に，情動知能の高い児童・生徒はその感情を抑制し，学習への悪い影響を緩和できる。また，他人の感情を理解できる能力も含まれていて，対人関係の安定をもたらし，間接的に学業成績を促進することになる。

豊田（2008）は，基本的生活習慣，社会的生活習慣，学習習慣および情動知能に関する調査項目に対して，「いつも」「ときどき」「たまに」「いいえ」で回答を求め，その回答と学業成績との関連性を小学1年生から中学2年生までの学年ごとに比較した。表 13.1 には，各要因に含まれる項目ごとの学業成績との相関係数が示されている。相関係数が高い値（太字で表示）をとるほど，学業成績との関連性が強いことになる。小学1～3年生において「朝ごはんを食べて登校しますか」に対する回答によって学業成績が異なることがわかる。小学校低学年では，朝食をしっかりととることが重要であり，朝食によって一日のリズムがつくられ，それが学業成績に反映されている。また，「テレビは1日にどのくらい見ますか」については，一日のテレビ視聴時間を回答してもらった。その結果，多くの学年においてテレビ視聴時間と学業成績との間に負の相関が見出されている。これは，テレビ視聴時間が長いと，学業成績が低くなることを示している。

さらに，小学2～6年生において「宿題は忘れずにやっていますか」に対する回答によって学業成績の異なることが示されている。宿題は学校の授業を復習する機会を提供するものであり，学習を定着させるための基本的なものであることがわかる。

表から明確に示唆されることは，学業成績にとって学習習慣が重要であり，その重要性は学年が上がるにつれて大きくなるということである。

表13.1 学年ごとにみた調査項目における学業成績との相関係数（r）（豊田，2008）

調　査　項　目	小1	小2	小3	小4	小5	小6	中1	中2
基本的生活習慣								
朝ごはんを食べて登校しますか。	.37	.31	.30	.15	.19	.20	.24	.28
朝，排便（ウンチ）をしてから登校しますか。	.13	.17	.08	−.06	−.05	.03	−.01	.02
テレビは1日にどのくらい見ますか。	−.05	−.04	−.28	−.30	−.25	−.25	−.27	−.15
塾や習い事へ，週に何日いっていますか。	.21	.14	.14	.18	.25	.14	.28	.28
学　習　習　慣								
テストでできなかった問題を，もう一度やってみますか。	−.14	.02	.08	−.05	.17	.12	.31	.30
わからないところは，わかるまで勉強しますか。	.04	.19	.14	.33	.26	.27	.38	.44
テストの答えを書き終わったとき，見直しますか。	.07	.20	.28	.05	.29	.15	.26	.29
家の人に言われなくても，自分から進んで勉強しますか。	.10	.16	.12	.12	.13	.19	.19	.31
大切なところは，忘れないように覚えようとしていますか。	.16	.10	.20	.22	.17	.20	.27	.36
宿題は忘れずにやっていますか。	.24	.34	.39	.36	.27	.39	.12	.09
社会的生活習慣								
家の人に「おはよう」「ただいま」等のあいさつをしますか。	.08	.09	.25	.11	.27	−.09	.16	.03
家の人とよく話をしますか。	.14	.21	.40	−.07	.05	−.11	.05	.07
学校で出会った先生にあいさつしますか。	.17	.06	.22	−.01	.19	−.06	−.08	.02
近所の人にあいさつしますか。	.10	.07	.33	.03	.18	−.01	.03	−.04
友だちとよく話をしますか。	.10	.06	.26	.08	.31	.24	.22	.02
年上の人には，敬語を使おうとしますか。	.01	−.02	.36	.09	.11	.18	.23	.24
情　動　知　能								
学校では楽しくしていますか。	.22	−.07	.18	.18	.21	.11	.25	.07
友だちが楽しくしているかどうかわかりますか。	.07	.00	.29	.03	.07	−.02	.08	−.02
ハラがたっても，ガマンすることができますか。	−.06	.05	.13	.32	.31	−.05	.22	.02
先生に乱暴な言葉つかいをすることがありますか。	−.27	.02	−.22	−.06	−.12	−.10	.12	.21
学校内で，ケンカすることがありますか。	−.03	−.05	−.25	−.22	−.33	−.29	−.16	.05
誰かの言ったことで，ハラがたつことがありますか。	−.12	.04	−.12	−.25	−.15	.03	−.20	.00

13.2 学業不振児

　一般的に学業成績が悪い児童・生徒を**学業不振**とよぶが，その判定にはどのような基準が用いられているであろうか。

13.2.1 学業不振の判定

　絶対的学業不振児　　一般にいわれている勉強ができない子どもをさす。いわゆる学級内での学業成績が悪い者，学力偏差値が 40 以下の者などである。

　相対的学業不振児　　知能に比べて学力が劣る子どもをさす。この判定には，成就値が用いられる。成就値とは，以下の式で算出される。

　　　成就値＝学力偏差値−知能偏差値

　ここでの学力偏差値とは，標準学力テストで測定された偏差値であり，知能偏差値は知能検査により測定された偏差値である。算出された成就値によって以下のように判定される。

　　　成就値が−10 以下……アンダー・アチーバー＝相対的学業不振児
　　　成就値が 0 に近い……ノーマル・アチーバー＝相対的学業普通児
　　　成就値が＋10 以上……オーバー・アチーバー＝相対的学業優秀児

　以上のように，絶対的学業不振児と相対的学業不振児という 2 つの見方があるが，相対的学業不振児という見方のほうが優勢である。したがって，学業不振児とは，普通以上の知能がありながら，それにふさわしい学力が伴わない者である。具体的にいえば，知能偏差値がほぼ 40 以上で成就値が−10 以下の者ということになる。なお，知能偏差値が 30 未満の場合には，精神発達遅滞の可能性が出てくる。

13.2.2 学業不振の原因

北尾（1975）は，図 13.1 のように，学業不振に関連する原因を階層構造としてとらえ，1次的要因から3次的要因に分けている。ただし，これらの背後にある間接的な要因も考えられ，さまざまな原因が関連し合って，学業不振をつくることも多い。

13.2.3 学業不振児の指導

北尾（1975）は，学業不振児の指導に関して，予防教育の重要性を指摘している。小学校の低学年において学業不振の徴候が見られる場合が多いので，それらをキャッチし，適切な予防教育を施さなければならない。しかし，やむなく学業不振に陥った場合には，どのように対応すればよいのであろう

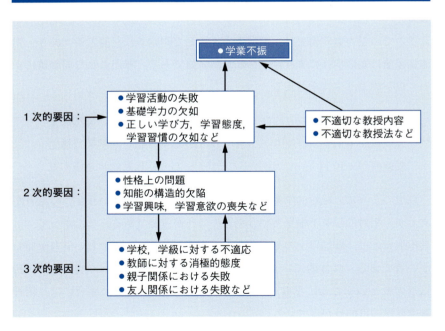

図 13.1　学業不振に関連する要因（北尾，1975）

か。

基本的生活習慣の形成　基本的生活習慣を形成することが大切である。そのためには，教師は，保護者との面談を通して家庭での生活リズムができているかどうかを吟味し，保護者に基本的生活習慣の形成のための協力を依頼することになる。本来，基本的生活習慣は幼児期前半に形成されているべきであるが，そうでないケースが増えているのが現状である。朝，決まった時間に起きられない児童・生徒の場合には，保護者の協力を得て，学校での朝の当番（何らかの役割）を与えることも一つの方法である。

学習習慣の形成　学習習慣の形成において強調したいのが，宿題の指導である。教師は，多くの場合，「家へ戻ったら，すぐに宿題をするんですよ」という指導をするし，家にいる保護者も「宿題あるんでしょ。すぐにしなさいよ」と声をかけることであろう。学校からに帰宅してすぐに自分の勉強机に向かって勉強するという行動を続けることによって，この習慣が定着するのである。宿題は，勉強という行動をさせるための手段である。一定の場所（自分の勉強机）で勉強することを何度も繰り返すことで，自分の勉強机を見たら，勉強という行動が自然に生じるようになるのである。したがって，児童・生徒の勉強する時間や場所は一定であるほうがよい。

　また，勉強した後に，児童・生徒の好きなこと（たとえば，好きなアニメを見る，ゲームをするなど）をさせると，勉強という行動が持続することになる。反対に，児童・生徒の好きなことをさせてから，勉強させた場合には勉強という行動は決して強められず，学習習慣がつくことは期待できない。

学級適応の指導　第8章で説明した欲求の階層構造からすれば，私たちは，生理的欲求（たとえば，食欲）が満たされていないと，所属の欲求（集団に属したいという欲求）が起こってこないし，所属の欲求が満たされていないと，知識の欲求（知識を得たいという欲求）は生まれてこない。したがって，クラスの中で友だちがいない児童・生徒は，所属の欲求が満たされていないので，知識の欲求が起こってこない。そのために，学業不振になることも十分に考えられる。このような原因によって，学業不振に陥っている児

童・生徒には，所属の欲求を満たす働きかけが必要である。最近では，「居場所」ということばがよく用いられているが，居場所は，とくに安心できる人をさす。クラス内に安心できる友人を確保することで，所属の欲求を満たし，その結果，知識の欲求が生じることにつながるのである。もし，友人ができない場合には，教師自身がその児童・生徒の居場所となり，クラスの一員であるという意識を持たせ，孤立しているというような気持ちにさせない配慮がいる。

学習性無力感の解消　　学業不振児の中には，学習性無力感を獲得している場合も多い。授業で勉強した内容がよくわからず，自分なりに努力をするが，それでもわからないという状況では意欲がなくなってしまう。このように，学習性無力感から学業不振に陥っている児童・生徒に対しては，教師が適切な勉強法を助言することが必要である。

豊田・森本（2000）は，学業成績が上位の児童と下位の児童とでは，勉強法や勉強する際の工夫に，量的にも質的にも大きな違いがあることを明らかにしている。学業不振児が，教えられた適切な勉強法を実行し，少しでも学習内容が理解できたという実感があれば，「自分ではどうすることもできない状況」を脱したことになる。この経験が，勉強への意欲を生み出すことになる。

基礎・基本の指導　　学業不振児の学習指導においてもっとも大切なことは，学習の**基礎・基本の指導**である。基礎・基本とは，学習内容に対応するレディネスである。この基礎・基本の指導は，その児童が，「どこがわからなくて困っているのか」を正しく理解することからはじまる。そのためには，個別指導がどうしても必要になる。

では，どのように個別指導すればよいであろうか。具体的にいえば，まず，本人がわからないという問題を一緒に解いてみる。たとえば，算数の応用問題であれば，「この問題で何が問われているのかを理解できているか」「計算の式はしっかりと立てられるのか」「計算の仕方は正しいのか」といったチェックポイントをもとにして，その問題を解く過程においてどこでつまずい

13.3 特別支援教育における児童・生徒の指導　　217

ているのかを見極めることが大切である。

　学業不振児は自分がわからない（つまずいている）ところが意識できていない可能性がある。したがって，教師は上述のようなチェックポイントから，児童・生徒本人に自分のわからないところを意識させることからはじめる。そして，そのわからない個所を教えることになるが，その際には，学年をさかのぼった指導になることも多い。つまり，その学年の学習内容を理解するためのレディネスである前の学年の内容を教えるのである。かなり学年をさかのぼった指導をする場合も少なくないが，こうした個別指導が基礎・基本の指導であるといえよう。

13.3 特別支援教育における児童・生徒の指導

13.3.1 特別支援教育

　平成14年に文部科学省が行った全国実態調査では，通常学級に在籍している児童・生徒のうち，知的発達に遅れはないものの学習面や行動面で著しい困難を示す児童・生徒の割合は，約6％に達することが明らかにされた。このような，学級内に特別な対応を必要とする児童・生徒の存在が注目されるようになった状況を受けて，平成17（2005）年4月に施行された発達障害者支援法では，「発達障害者」は，「アスペルガー症候群とその他の広汎性発達障害，学習障害，注意欠陥多動性障害その他これに類する脳機能の障害であってその症状が通常低年齢において発現するものとして政令で定めるものをいう」と定義されている。宮川（2014）によれば，有名なアメリカ精神医学会が2013年に公表したDSM-5（Diagnostic and Statistical Manual of Mental Disorders. Fifth Edition）では，「発達障害」は「神経発達障害」という呼び名に変わっている。そして，この神経発達障害に含まれるのは，知的障害，コミュニケーション障害，自閉症スペクトラム障害（後述する広汎性発達障害から呼び名が変更），注意欠陥・多動性障害，特殊的学習障害及び運動障害である。

218 第13章 特別支援

　平成19 (2007) 年4月，従来の「特殊教育」に替わって，特別支援教育が実施されるようになった。「特殊教育」との違いの一つは，教育支援の対象である。「特殊教育」は，知的障害，肢体不自由，病弱・身体虚弱，視覚障害，聴覚障害，言語障害，情緒障害といった障害を持つ児童・生徒を対象とした。一方，「特別支援教育」では，従来の特殊教育の対象となっていた児童・生徒に加えて，発達障害を伴う児童・生徒も教育支援の対象としている。また，発達障害者支援法が，早期発見とその後のサポートの必要性を明示したことで，幼稚園から高校にいたるまでの期間を通じて支援を行うことや，特別支援学校（旧盲学校，聾学校，養護学校という名称変更された）と地域学校の支援の連携をはかることが奨励されている。さらに，児童・生徒一人ひとりの特性に応じた支援を行うために，障害の実情と教育的ニーズを把握し，それに応じた「個別の教育支援計画」を作成することになっている。この「個別の教育支援計画」は，**PDCA サイクル**（Plan（計画）— Do（実行）— Check（評価）— Action（改善））をスムーズに繰り返す視点を備え，現状によりフィットしたものに充実・改善され，児童・生徒の保護者や，成長に応じて必要となる関係機関との連携をも見越した長期的展望を必要とする。

　特別支援教育は，学校長をリーダーとして全教員がそれにあたることになっている。そのために，各学校には研修を受けた「特別支援教育コーディネーター」教員がおり，児童・生徒を取り巻く環境整備をはかっている。また，保護者からの相談窓口として，保護者と担任，担任以外の教職員をつなぐ役目を担う。さらに，外部の専門機関（児童相談所，発達障害者支援センター，教育センター，医療機関など）との連携をはかるという役目もある。

13.3.2　注意欠陥・多動性障害（ADHD）

　特別支援教育の対象として，**注意欠陥・多動性障害**（**ADHD**；Attention-Deficit/Hyperactivity Disorder）を持つ児童・生徒があげられる。文部科学省によると，「ADHDとは，年齢あるいは発達に不釣り合いな注意力，及び

13.3　特別支援教育における児童・生徒の指導

／又は衝動性，多動性を特徴とする行動の障害で，社会的な活動や学業の機能に支障をきたすものである。また，7歳以前に現れ，その状態が継続し，中枢神経系に何らかの要因による機能不全があると推定される（平成15年3月の「今後の特別支援教育の在り方について（最終報告）」参考資料より抜粋）」。豊田裕美（2008）は以下のような特徴をあげている。

不注意　注意を集中したり，注意を持続することが下手である。忘れ物や落とし物が多く，テストではちょっとした見落とし，ケアレスミスが目立つ。話を聞いていなかったり，ぼーっとした様子が見受けられる。

多動性　まとまりある行動ができないことで，飛び出しや割り込み，隣の子どもにちょっかいをかけたりする。しゃべりすぎたり，じっと姿勢を維持することができず，どこか体の部分が動いて，もじもじそわそわしている。自分の行動の見通しや展望がごく短い時間でしか持てず，周囲からは本人の行動の意図が読み取れない。行動が直線的・直接的で，本人なりの目的があるので，大人に叱責されても，同じ事を繰り返してしまう。

衝動性　質問の途中でも，出し抜けに答え始める。唐突に他人の邪魔をする。よく考えて行動するのが下手で，結果を予測して行動を決めたり，修正したりする力が弱い。

　出現頻度は調査報告によってばらつきがあるが，およそ3%程度と考えられる。「年齢に比して著しく多動である」という判断規準は，ほかの発達障害とも併存しやすいので難しく，地域差や文化によって，多動と見るかどうかにズレがある。また，虐待や不適切な養育によっても，多動で衝動性が強いという行動特徴が発現することもあるため，ADHDかどうかの判断は慎重になされるべきである。

13.3.3　自閉症スペクトラム障害（アスペルガー症候群（障害），広汎性発達障害）

　文部科学省が平成15年3月に出した「今後の特別支援教育の在り方について（最終報告）」によると，自閉症とは「3歳位までに現れ，1 他人との

社会的関係の形成の困難さ，2 言葉の発達の遅れ，3 興味や関心が狭く特定のものにこだわることを特徴とする行動の障害であり，中枢神経系に何らかの要因による機能不全があると推定される」もの，高機能自閉症とは「自閉症のうち，知的発達の遅れを伴わないものをいう」と定義されている。また，アスペルガー症候群とは「知的発達の遅れを伴わず，かつ，自閉症の特徴のうち言葉の発達の遅れを伴わないものである。なお，高機能自閉症やアスペルガー症候群は，広汎性発達障害に分類されるものである」と記されている。したがって，広汎性発達障害（pervasive developmental disorder）の中に，知的障害を伴わない自閉症として，アスペルガー障害，高機能自閉症，および特定不能の広汎性発達障害が含まれている。DSM-5 の定義では，自閉症スペクトラム障害（Autism Spectrum Disorder）に，自閉性障害，アスペルガー障害，特定不能の広汎性発達障害（非定型自閉症を含む）等が含まれている。

　高機能自閉症やアスペルガー障害を伴う者は，認知的な情報検索や，情報提供の面では非常に優れた能力を発揮する。しかし，現代社会において重要な対人的コミュニケーション能力が劣るために，成果を上げられないことになる。したがって，広汎性発達障害の主な特徴は，①対人的コミュニケーションの障害である。具体的には，同世代との関わりが下手で，自分の意志を伝えたり，人の気持ちを汲むことができないことが多く観察される。また，②想像力の障害とそれにもとづく行動の障害がある。具体的には，ごっこ遊びや見立てる遊びが下手で，イメージを共有する力が弱いという点である。その反面，自分一人での空想世界は豊かである場合もある。このほかにも，広汎性発達障害に比較的よく見られる特徴として，体のコントロールが下手で，不器用である。感覚が極めて敏感で，生活上の何げない物音にも敏感に反応してしまうことがあったり，反対に極めて鈍感な場合もある。痛みに鈍感な場合，不器用さもあいまって，傷やあざをつくりやすい。いつどこで怪我をしたのかわからないという子どももいる。

　アスペルガー障害を伴う子どもについては，おおむね以下に示した孤立型，

受動型，積極奇異型の3つのタイプに分けられる。

(a) **孤 立 型**……周囲に無関心であったり，極端に警戒して，対人関係を避けるタイプ。

(b) **受 動 型**……人との接触は受け入れるが，自分から関わりにいくことはない。

(c) **積極奇異型**……他人に「一方通行」的に積極的に関わりにいく。自分の考え通りに事が運ばないときや，周囲が関心を示さないときには，かんしゃくやパニックを起こす。

13.3.4　学習障害 (Learning Disabilities；LD)

文部科学省によると，「学習障害とは，基本的には全般的な知的発達に遅れはないが，聞く，話す，読む，書く，計算する又は推論する能力のうち特定のものの習得と使用に著しい困難を示す様々な状態を指すものである。学習障害は，その原因として，中枢神経系に何らかの機能障害があると推定されるが，視覚障害，聴覚障害，知的障害，情緒障害などの障害や，環境的な要因が直接の原因となるものではない（平成11（1999）年7月の「学習障害児に対する指導について（報告）」より抜粋）」とされる。

学習障害（Learning Disability；LD）は，先に示した障害と併存しやすい障害である。学習障害の児童・生徒は，知能がとくに低いわけではないのに，学習がうまくいかないので，学習のために必要な技術が障害されていると考えられている。以下のような代表的な障害がある。

①**読 字 障 害**……文字を区別できないために起こる。「あ」と「お」，「の」と「め」など，形態が非常に似ている場合に混乱が起こる。アルファベットの場合も，「p」と「q」，「w」と「m」など，形態が類似し，向きだけが違うような場合で混乱が発生する。数字も同様である。

②**書 字 障 害**……黒板の文字をノートに写せない，文字の左右が逆転する（鏡文字になる），聞いたことをノートに書くということができない，などの特徴がある。

③**算数障害**……数概念の形成がままならない。数の大小がわからない，繰り上がりや繰り下がりの操作ができない。指を使って計算することも往々にして見られる。

13.3.5　知的障害

　知的障害は，知能の発達，認知の発達に遅れのある場合をさす。日常生活における自立のための技術の習得も遅れがちになる。

　障害原因　知的障害は，その8割近くは原因が特定できない。特定できる原因としては，ダウン症などの染色体異常，代謝異常などの先天的要因，仮死出産などの周産期・出産時における問題，てんかん発作，交通事故などによる外傷などがあげられる。成長発達期（おおむね18歳未満）の間に生じた知能発達の遅れに対してのみ「知的障害」といい，それ以降の年齢で，たとえば事故や認知症などで知能低下が発生した場合は，知的障害と診断されない。

　障害程度　文部科学省の基準と厚生労働省の基準とではやや違いがあるが，およそ知能指数（IQ）70未満の者を知的障害とよぶ。障害程度は，知能検査の結果によって以下のように分かれている。

（a）**軽　　度**……おおむねIQ70未満−50未満。

（b）**中　　度**……おおむねIQ49−35未満。

（c）**重　　度**……おおむねIQ35未満。

である。なお，IQ70−85は境界知能とされ，明らかな知的障害とはいえないが，支援を要する場合がある。

13.4　学級内の問題行動

13.4.1　学級崩壊

　近年，学校において児童・生徒に対する授業が成立しない状況が報告されている。文部科学省によれば，**学級崩壊**とは，「生徒が教室内で勝手な行動

13.4 学級内の問題行動

をして教師の指導に従わず，授業が成立しない学級の状態が一定以上継続し，学級担任による通常の手法では問題解決ができない状態に立至っている場合（学級がうまく機能しない状態）」である。

学級崩壊の原因は，教師の指導力不足や学級運営の仕方が原因として取り上げられる場合が多い。小学校低〜中学年の場合には，そういったことが主な原因であるといわれている。また，児童・生徒に原因があることもある。たとえば，学級内の児童・生徒間のコミュニケーションに問題があったり，上述した発達障害児の行動が授業の進行を妨害することがきっかけとなるような場合もある。そのほかにも，学校の管理職（校長，教頭）に指導力がない場合，モンスターペアレントと表現されるような保護者に問題がある場合などがある。対応は難しいとされているが，原因を特定し，場合によっては複数の教師が教室に入って指導したり，保護者に協力を求め，教室に入ってもらうこともある。その学校の状況によって対応の方法はさまざまであるが，学級崩壊によって，児童・生徒からの教師への信頼を失わないこと，児童・生徒の学力低下を招かないようにすることが肝要である。

13.4.2 不登校

文部科学省によると，不登校児童生徒は，「何らかの心理的，情緒的，身体的あるいは社会的要因・背景により，登校しないあるいはしたくともできない状況にあるために年間 30 日以上欠席した者のうち，病気や経済的な理由による者を除いたもの」と定義されている。2017（平成 29）年度の調査では，小学校の不登校児童は 3 万 5,032 名（0.54％，1 千人当たり 5.4 人，185 人に 1 人），中学校の不登校生徒は 10 万 8,999 名（3.25％，1 千人当たり 32.5 人，31 人に 1 人）であり，不登校児童生徒の在籍学校は小学校で全体の 56.2％，中学校で全体の 87.3％におよんでいる。不登校の原因は，2001年度から開設されている文部科学省の HP では，「不安などの情緒的混乱」（26.1％），「複合（複合的な理由によりいずれの理由が主であるか決めがたい」（25.6％），「無気力」（20.5％）となっている。2017 年度の調査では，本

人の「不安」傾向があげられ，「家庭に係る状況」（29.8％），「いじめを除く友人関係をめぐる問題」（27.3％）が不安を喚起している。また，「無気力」傾向の場合には，「家庭に係る状況」（42.2％），「学業の不振」（28.2％）が無気力に関わっている。さらに，「学校における人間関係に課題を抱えている」場合では，「いじめを除く友人関係をめぐる問題」（70.6％）が児童・生徒には精神的に重いものとなっている。「あそび・非行」の傾向がある場合には，そこに「家庭に係る状況」（41.5％），「学校のきまり等をめぐる問題」（32.6％）が関係している。総じて，家庭の状況及び友人関係が児童・生徒の精神的負担や情緒的混乱をもたらす原因であることがうかがえる。ただし，不登校は原因を特定することが難しく，上述した発達障害の問題，学業不振の問題などが関連していることも指摘され，その原因が複雑になっていることがうかがえる。

　文部科学省の主な対応策の中心には，「楽しい学校，魅力ある学校づくり」がある。学校での授業の学習内容が「わかる」という実感を抱くことによって，児童・生徒に学習意欲を引き出すことが重視されている。また，社会的なつながりも重視され，児童・生徒が社会性を身につける場所としての学校づくりを奨励している。このような学校全体としての対応策とともに，重要なのが，不登校児童・生徒への個別の対応である。上述したように，不登校の原因に複合的なものが増加しているということを考慮すると，真の原因を特定することは難しい。心理的な原因を持った児童・生徒への対応策として，スクールカウンセラーが配置され，教育相談体制が整えられている。また，学校，教育委員会，地域社会，関連機関などが互いに連携し合って，対応するシステムの構成にも力が注がれている。さらに，全国に多くのスクール・サポート・センター（名称は場所によって異なる）が開設され，不登校児童生徒の早期発見と対応だけでなく，学力低下への対応など，地域社会が学校をサポートする体制が広がってきている。ただし，形式的な体制が整っただけでは十分ではない。児童・生徒が，不登校につながる家庭の状況や友人関係での悩みを相談でき，自分を素直に表現できる場所や人（いわゆる「居場

所」）を整備することがもっとも大切なことである。特に，「居場所」となれる人間を育成することが，不登校に限らず，児童・生徒の精神的健康を促す教育環境整備として重要である。

参 考 図 書

磯部 潮（2005）．発達障害かもしれない──見た目は普通の，ちょっと変わった子──　光文社

発達障害を広範囲に解説した読みやすい良書である。具体的な発達障害児童・生徒の事例も紹介されているので，発達障害のイメージをとらえやすい。

上野 一彦（2003）．LD（学習障害）と ADHD（注意欠陥多動性障害）　講談社

LD と ADHD の特徴を平易にまとめ，教育のあり方をわかりやすく解説している良書である。特別支援教育に関わる人には一読をすすめたい。

榊原 洋一（2002）．アスペルガー症候群と学習障害──ここまでわかった子どもの心と脳──　講談社

医師の立場から，アスペルガー障害や学習障害を解説している。こころの理論やワーキングメモリという心理学の概念も含めたわかりやすい書である。

自己概念の歪みと不適応

　中学生から高校生の青年期においては，自分に対するイメージ（自己概念）が精神的適応の鍵を握っている。古くから，理想の自分に対するイメージ（理想自己）と現実の自分に対するイメージ（現実自己）がズレていると，現在の生活への適応がよくないといわれている。また，他人から抱かれている自分に対するイメージ（他者自己）と現実自己とのズレも適応に強く関係するといわれてきた。この時期の青年は，多くの適応的な問題を持つといわれているが，総じて，自己概念の歪みが原因である場合が多い。たとえば，事例は多いとはいえないが，思春期やせ症は，自分の身体イメージが太っていると過度に感じてしまう自己概念の歪みが問題である。また，中学生に出現する家庭内暴力は，小学校時代に勉強がよくできていた生徒に多い。それは，児童期に親からの期待に応えていたという自己概念が，中学校において成績低下により崩れ，過度なストレスを感じることにより説明できる。さらに，非行に走る生徒も，自分の将来像を含めた自己概念をうまく構築することに苦しんでいるのであり，自殺する生徒は，将来への明るい展望を含めた自己概念をつくれなかった可能性が大きい。

　このような深刻な問題を招かないためには，児童・生徒が自分に対してどのようなイメージを持っているのかを適切に把握し，自己概念の歪みを是正することが必要である。青年期には，自分を多くの視点から見ることができず，ある特定の価値観や視点でとらえるために，自分を極端に低く評価することがよくある。これが自己概念のもっとも大きな歪みの原因である。教師や親は，児童・生徒が正しい自己概念を構築するために，自分をとらえる視点を数多く提供することが肝要である。

　最近は，大人に限らず，児童・生徒がストレスを感じることが多いといわれている。ストレスに対応することを，ストレス・コーピングとよんでいるが，その重要な点は，ストレスの原因（ストレッサー）であったものを再評価することで

ある。再評価とは，視点を変えてとらえ直すことである。自分の視点（見方）を変えることによって，ストレスの原因ではなくなり，時には喜びになって，自己概念の歪みを是正することになる。たとえば，ただ単に，やせれば，きれいになるという誤った古い視点を持っていると，やせようとするあまり，甘いお菓子などの食事がストレッサーとなり，ストレスがたまり，それが歪んだ自己概念（美しくない自分）をつくってしまう。しかし，健康になることが美しくなることであり，極端にやせようとするのはかえってよくないという新しい視点を得れば，ストレスが軽減されたり，喜びにも変わりうる。その結果，正しい自己概念（健康的な自分）が形成されるのである（図 13.2）。

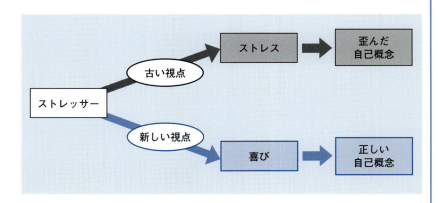

図 13.2　視点による自己概念の変化

引 用 文 献

第1章

深谷 達史・植阪 友理・太田 裕子・小泉 一弘・市川 伸一（2017）．知識の習得・活用および学習方略に焦点をあてた授業改善の取り組み——算数の「教えて考えさせる授業」を軸に——　教育心理学研究, *65*, 512–525.

平井 美佳（2017）．幼児における自己と他者の調整とその発達　教育心理学研究, *65*, 211–224.

伊藤 亜矢子・松井 仁（2001）．学級風土質問紙の作成　教育心理学研究, *49*, 449–457.

神長 伸幸・大石 衡聴・馬塚 れい子（2016）．文理解中の指示対象の曖昧性解消における発達的変化　教育心理学研究, *64*, 531–543.

中西 良文・大道 一弘・梅本 貴豊（2018）．知識の正確性ならびに知識再構築に対する自己効力感と概念変化　教育心理学研究, *66*, 199–211.

鈴木 雅之・西村 多久磨・孫 媛（2015）．中学生の学習動機づけの変化とテスト観の関係　教育心理学研究, *63*, 372–385.

丹治 敬之・横田 朋子（2017）．自閉症スペクトラム障害児に対する作文の自己調整方略学習（SRSD）モデルを用いた小集団介入　教育心理学研究, *65*, 526–541.

第2章

青木 多寿子・戸田 まり（編著）（2009）．児童心理学　学文社

東 洋・柏木 惠子・高橋 惠子（編・監訳）（1993）．生涯発達の心理学　新曜社

馬場 元毅（2009）．絵でみる脳と神経——しくみと障害のメカニズム——　第3版　医学書院

Gesell, A.（1929）. Maturation and infant behavior pattern. *Psychological Review, 36,* 307–319.

Greenough, W. T., & Volkmar, F. R.（1973）. Pattern of dendritic branching in occipital cortex of rats reared in complex environments. *Experimental Neurology, 40,* 491–504.

Havighurst, R.（1972）. *Developmental tasks and education.* New York：David McKay Company.

日野林 俊彦・赤井 誠生・安田 純・志澤 康弘・山田 一憲・南 徹弘・糸魚川 直祐（1996）．発達加速現象の研究・その20 —— 2005年2月における全国初潮調査の結果より —— 日本心理学会第70回大会発表論文集, p.1125.

Jensen, A. R.（1969）. How much can we boost IQ and scholastic achievement? *Harvard*

Educational Review, 39, 1–123.

Levinson, D. J. (1978). *The seasons of a man's life*. New York：The Sterling Lord Agency.

　（レビンソン，D. J. 南 博（訳）（1992）．ライフサイクルの心理学　上・下　講談社）

Lorenz, K. (1949). *Er redete mit dem Vieh, den Vögeln und den Fischen：King Solomon's ring.* den Vögeln und den Fischen. Wien：Borotha Schoeler.

　（ローレンツ，K. 日高 敏隆（訳）（1970）．ソロモンの指環──動物行動学入門──　早川書房）

Portmann, A. (1944). *Biologische Fragmente zu einer Lehre vom Menschen Basel*. Benno Schwabe.

　（ポルトマン，A. 高木 正孝（訳）（1961）．人間はどこまで動物か──新しい人間像のために──　岩波書店）

相良 守次（編）大山 正・東 洋（1969）．学習と思考　大日本図書

Scammon, R. E. (1930). The measurement of the body in childhood. In J. A. Harris, C. M. Jackson, D. G. Patterson, & R. E. Scammon (Eds.), *The measurement of man*. University of Minnesota Press.

Stern, W. (1928). *Psychologie der frühen Kindheit*. Leipzig：Barth.

浦上 昌則・神谷 俊次・中村 和彦（編著）（2005）．心理学　ナカニシヤ出版

Wiesel, T. N., & Hubbel, D. H. (1963). Single-cell responses in striate cortex of kittens deprived of vision in one eye. *Journal of Neurophysiology, 26*, 1003–1017.

第3章

Cox, M. (1992). *Children's drawings*. Penguin Psychology.

　（コックス，M. 子安 増生（訳）（1999）．子どもの絵と心の発達　有斐閣）

Glucksberg, S., Krauss, R. M., & Weisberg, R. (1966). Referential communication in nursery school children：Method and some preliminary findings. *Journal of Experimental Child Psychology, 3*, 333–342.

Goodman, G. S., & Reed, R. S. (1986). Age differences in eyewitness testimonies. *Law and Human Behavior, 10*, 317–332.

Luquet, G. H. (1927). *Le dessin enfantin*. Paris：Alcan.

　（リュケ，G. H. 須賀 哲夫（監訳）（1979）．子どもの絵──児童画研究の源流──　金子書房）

中島 誠（1983）．言語能力　三宅 和夫ほか（編）波多野・依田児童心理学ハンドブック　金子書房

Sapir, E. (1921). *Language：An introduction to the study of speech*. New York：Harcourt Brace

引 用 文 献　　　231

Jovanovich.

（サピア，E. 泉井 久之助（訳）（1957）．言語——ことばの研究——　紀伊國屋書店）

第 4 章

Carey, S. (1996). Perceptual classification and expertise. In R. Gelman, & T. Kut-Fong Au (Eds.), *Perceptual and cognitive development* (pp.49-69). New York：Academic Press.

Cox, M. V. (1975). The other observer in a perspective task. *British Journal of Educational Psychology, 45*, 83-85.

Duncker, K. (1945). On problem solving. *Psychological Monographs, 58*, 1-113.

Eliot, J., & Dayton, C. M. (1976). Egocentric error and the construct of egocentrism. *The Journal of Genetic Psychology, 128*, 275-289.

Flavell, J. H. (1977). The development of knowledge about visual perception. In C. B. Keasey (Ed.), *Nebraska Symposium on Motivation, 25*, 43-76. University of Nebraska Press.

Gelman, R., & Baillargeon, R. (1983). A review of some Piagetian concepts. In J. H. Flavell, & E. M. Markman (Eds.), *Handbook of child psychology*. Vol.3 (pp.167-230). New York：Wiley.

Gelman, S. A., & Gottfried, G. M. (1996). Children's causal explanations of animate and inanimate motion. *Child Development, 67*, 1970-1987.

Guilford, J. P. (1967). *The nature of human intelligence.* New York：McGraw-Hill.

稲垣 佳世子（1995）．　生物概念の獲得と変化——幼児の「素朴生物学」をめぐって——　風間書房

Karmiloff-Smith, A. (1991). Innate constraints and developmental change. In S. Carey, & R. Gelman (Eds.), *Epigenesis of the mind：Essays in biology and knowledge* (pp.171-197). New Jersey：Erlbaum.

中西 信男・三川 俊樹（編）（2002）．　新教職課程の教育心理学　第 3 版　ナカニシヤ出版

野呂 正（1983）．思考の発達　野呂 正（編）幼児心理学（pp.72-111）　朝倉書店

Piaget, J., & Inhelder, B. (1948). *La representation de l'espace chez l'enfant.*〔*The child's conception of space.*〕Paris：Presse Universitaires de France.

Siegler, R. S. (Ed.) (1978). *Children's thinking：What develops?* Lawrence Erlbaum Associates.

Spearman, C. (1904). "General intelligence", objectively determined and measured. *American Journal of Psychology, 15*, 201-293.

Thurstone, L. L. (1938). *Primary mental abilities.* Chicago：University of Chicago Press.

Vernon, P. E. (1961). *The structure of human abilities* (2nd ed.). Methuen.

232 引 用 文 献

渡部 雅之（1995）．わかる——他視点の理解—— 空間認知の発達研究会（編）空間に生きる（pp.42-53）北大路書房

Wechsler, D.（1939）. *The measurement of adult intelligence*. Baltimore：Williams and Wilkins.

Wechsler, D.（1949）. *Manual for the Wechsler Intelligence Scale for Children*. New York：The Psychological Corporation.

Wechsler, D.（1958）. *The measurement and appraisal of adult intelligence*. Baltimore：The Williams and Wilkins.

Wechsler, D.（1967）. *Manual for the Wechsler Preschool and Primary Scale of Intelligence*. New York：Psychological Corporation.

第5章

Bremner, J. G.（1994）. *Infancy*（2nd ed.）. Oxford：Blackwell.
　　（ブレムナー，J. G. 渡部 雅之（訳）（1999）．乳児の発達　ミネルヴァ書房）

Butterworth, G., & Jarrett, N.（1991）. What minds have in common is space：Spacial mechanisms serving joint visual attention in infancy. *British Journal of Developmental Psychology, 9*, 55-72.

Erikson, E. H.（1959）. *Identity and the life cycle*. International University Press.
　　（エリクソン，E. H. 小此木 啓吾（訳）（1973）．自我同一性——アイデンティティとライフ・サイクル—— 誠信書房）

Gaarder, J.（1991）. *Sofies verden：Roman om filosofiens historie*. Aschehoug.
　　（ゴルデル，J. 池田 香代子（訳）（1995）．ソフィーの世界——哲学者からの不思議な手紙—— 日本放送出版協会）

Kohut, H.（1971）. *The analysis of the self：A systematic approach to the psychoanalytic treatment of narcissistic personality disorders*. New York：International Universities Press.
　　（コフート，H. 水野 信義・笠原 嘉（監訳）（1994）．自己の分析　みすず書房）

Loevinger, J., & Wessler, R.（1970）. *Measuring ego development*. San Francisco：Jossey-Bass.

Mahler, M. S., Pine, F., & Bergman, M. S.（1973）. *The psychological birth of the human infant*. New York：Basic Books.
　　（マーラー，M. S.・パイン，F.・バーグマン，A. 高橋 雅士・浜畑 紀・織田 正美（訳）（1981）．乳幼児の心理的誕生——母子共生と個体化—— 黎明書房）

Marcia, J. E.（1966）. Development and validation of ego identity status. *Journal of Personality and Social Psychology, 3*, 551-558.

Mead, G. H.（1934）. *Mind, self, and society：From the standpoint of a social behaviorist*. University of Chicago Press.

引 用 文 献　　　　233

（ミード，G. H.　稲葉 三千男・滝沢 正樹・中野 収（訳）（2005）．精神・自我・社会　青木書店）

中西 信男・三川 俊樹（編）（2002）．新教職課程の教育心理学　第3版　ナカニシヤ出版

中西 信男・鑪幹 八郎（1981）．心理学10　自我・自己　有斐閣

Super, D. E. (1957). *The psychology of careers: An introduction to vocational development.* Oxford, England: Harper & Brothers.

樽木 靖夫（1992）．中学生の自己評価に及ぼす担任教師によるフィードバックの効果　教育心理学研究，*40*, 130-137.

渡部 雅之（1989）．成人期における自我の発達　社会教育基礎理論研究会（編）叢書生涯学習7　成人性の発達（pp.199-222）　雄松堂出版

渡部 雅之・山本 里花（1989）．文章完成法による自我発達検査の作成—— Loevinger の WU-SCT の翻案とその簡易化——　教育心理学研究，*37*, 286-292.

第6章

Ainsworth, M. D. S., Blehar, M. C., Water, E., & Wall, S. (1978). *Patterns of attachment : A psychological study of the strange situation.* Lawrence Erlbaum Associates.

Baron-Cohen, S., Leslie, A., & Frith, U. (1985). Does the autistic child have a theory of mind? *Cognition, 21*, 37-46.

Bowlby, J. (1969). *Attachment and loss.* Vol.1. *Attachment.* Basic Books.
（ボウルビィ，J.　黒田 実郎ほか（訳）（1977）．母子関係の理論 I ——愛情行動——　岩崎学術出版社）

Bowlby, J. (1973). *Attachment and loss.* Vol.2. *Separation.* Basic Books.
（ボウルビィ，J.　黒田 実郎ほか（訳）（1977）．母子関係の理論 II ——分離不安——　岩崎学術出版社）

Bowlby, J. (1980). *Attachment and loss.* Vol.3. *Loss, sadness and depression.* Basic Books.
（ボウルビィ，J.　黒田 実郎ほか（訳）（1981）．母子関係の理論 III ——愛情喪失——　岩崎学術出版社）

Bremner, J. G. (1994). *Infancy* (2nd ed.). Oxford：Blackwell.
（ブレムナー，J. G.　渡部 雅之（訳）（1999）．乳児の発達　ミネルヴァ書房）

Frith, U. (1989). *Autism : Explaining the enigma.* Basil Blackwell.
（フリス，U.　冨田 真紀・清水 康夫（訳）（1991）．自閉症の謎を解き明かす　東京書籍）

Frith, U. (1991). *Autism and Asperger syndrome.* Cambridge University Press.
（フリス，U.（編著）冨田 真紀（訳）（1996）．自閉症とアスペルガー症候群　東京書

引 用 文 献

籍）

藤生 英行（1991）．現代の家族とは　川島 一夫（編）図でよむ心理学　発達（pp.85-94）
福村出版

Harlow, H. F.（1962）. Development of affection in primates. In E. L. Bliss（Ed.）, *Roots of behavior*（pp.157-166）. New York：Harper.

Harlow, H. F., & Mears, C.（1979）. *The human model：Primate perspectives*. Washington：V. H. Winston.

Kohlberg, L.（1976）. Moral stages and moralization：The cognitive-developmental approach. In T. Lickona（Ed.）, *Moral development and behavior：Theory, research, and social issues*（pp.31-53）. New York：Holt, Rinehart and Winston.

Piaget, J.（1932）. *Le jugement moral chez l'énfant*. Presses Universitaires de France.
（ピアジェ，J．大伴 茂（訳）（1957）．臨床児童心理学3　児童道徳判断の発達　同文書院）

Premack, D., & Woodruff, G.（1978）. Does the chimpanzee have a theory of mind? *The Behavioral and Brain Sciences, 1*, 515-526.

渡部 雅之（1995）．わかる──他視点の理解──　空間認知の発達研究会（編）空間に生きる　北大路書房

渡部 雅之（2002）．成長と発達　中西 信男・三川 俊樹（編）新教職課程の教育心理学　第3版（pp.2-24）　ナカニシヤ出版

Wimmer, H., & Perner, J.（1983）. Beliefs about beliefs：Representation and constraining function of wrong beliefs in young children's understanding deception. *Cognition, 13*, 103-138.

第7章

馬場 元毅（2009）．絵でみる脳と神経──しくみと障害のメカニズム──　第3版　医学書院

Bard, P.（1928）. A diencephalic mechanism for the expression of rage with special reference to the sympathetic nervous system. *American Journal of Physiology, 84*, 490-515.

Barrett, K., & Campos, J.（1987）. Perspectives on emotional development：II. A functionalist approach to emotions. In J. Osofsky（Ed.）, *Handbook of infant development*. New York：Wiley.

Berne, E.（1974）. *The structure and dynamics of organizations and groups*. New York：Ballantine Books.

Berne, E.（1989）. *Transactional analysis in psychotherapy*. Souvenir Press.

引 用 文 献　　　　　235

Bremner, J. G. (1994). *Infancy* (2nd ed.). Oxford：Blackwell.

　　（ブレムナー，J. G. 渡部 雅之（訳）（1999）. 乳児の発達　ミネルヴァ書房）

Bridges, K. M. B. (1932). Emotional development in early infancy. *Child Development, 3,* 324–334.

Buss, A. H., & Plomin, R. (1984). *Temperament：Early developing personality traits.* Hillsdale, NJ：Lawrence Erlbaum Associates.

Campos, J., Barrett, K., Lamb, M., Goldsmith, H., & Stenberg, C. (1983). Socioemotional development. In M. Haith, & J. Campos (Eds.), *Infancy and developmental psychobiology.* Vol.II. *Handbook of child psychology* (pp.783–915). New York：Wiley.

Cannon, W. B. (1927). *Bodily changes in pain, hunger, fear, and rage.* New York：Appleton-Century-Crofts.

Goldberg, L. R. (1981). Language and individual differences：The search for universals in personality lexicons. In L. Wheeler (Ed.), *Review of personality and social psychology.* Vol.2. Beverly Hills, CA：Sage.

James, W. (1884). What is an emotion? *Mind, 9,* 188–205.

　　（ジェイムズ，W. 福田 正治（訳）（2005）. 情動とは何か　富山医科薬科大学一般教育研究紀要，*33,* 27–41.）

Johnson, W., Emde, R. N., Pannabecker, B., Stenberg, C., & Davis, M. (1982). Maternal perception of infant emotion from birth through 18 months. *Infant Behavior and Development, 5,* 313–322.

Jung, C. G. (1921). *Psychologische Typen.* Zurich：Rascher.

　　（ユング，C. G. 林 道義（訳）（1987）. タイプ論　みすず書房）

木村 駿（1993）. TAT による人間関係能力の分析　岡堂 哲雄（編）潜在能力の発見（pp.93–103）　至文堂

Kretschmer, E. (1925). *Physique and character.* Kegan Paul.

　　（クレッチマー，E. 斎藤 良象（訳）（1944）. 体格と性格　肇書房）

Lange, C. (1912). The emotion. In R. Benjamin (Ed.), *The classical psychologists* (pp.672–684). Boston：Houghton Mifflin. (Trs. by B. Rand from *Om Sindsbevaegelser.* (1885). Köbenhavn.)

Lazarus, R. S., & Folkman, S. (1984). *Stress, appraisal, and coping.* New York：Springer.

Malatesta, C. Z., & Haviland, J. M. (1982). Learning display rules：The socialization of emotion expression in infancy. *Child Development, 53,* 991–1003.

McCrae, R. R., & Costa, P. T. (1987). Validation of the five-factor model of personality across instruments and observers. *Journal of Personality and Social Psychology, 52,* 81–90.

236　　　　　　　　　　　引 用 文 献

水野 邦夫（2006）．パーソナリティのとらえ方　岡市 廣成・鈴木 直人（編）心理学概論（pp.247-253）　ナカニシヤ出版

中井 節雄（1978）．人事検査法　竹井機器工業

中村 和彦（2008）．心理検査　浦上 昌則・神谷 俊次・中村 和彦（編著）心理学　第2版（pp.222-228）　ナカニシヤ出版

Sheeseal, B. E., Voelkeral, P. M., Rothbartal, M. K., & Posner, M. I. (2007). Parenting quality interacts with genetic variation in dopamine receptor D4 to influence temperament in early childhood. *Development and Psychopathology, 19*, 1039-1046.

Spranger, E. (1921). *Lebensformen*. Halle.

（シュプランガー，E. 辻 幸三郎（訳）（1926）．文化哲學概論――「生の形式」――内外出版）

Symonds, P. M. (1939). *The psychology of parent-child relationships*. New York：Appleton-Century-Crofts.

辻岡 美延（1965）．新性格検査法　日本心理テスト研究所

渡部 雅之（2009）．乳児期　改訂・保育士養成講座編纂委員会（編）保育士養成講座第3巻　発達心理学　改訂4版（pp.99-112）　全国社会福祉協議会

第8章

Atkinson, J. W. (1964). *An introduction to motivation*. Princeton, New Jersey：Van Nostrand.

Bandura, A. (1977). Self-efficacy：Toward a unifying theory of behavioral change. *Psychological Review, 84*, 191-215.

Deci, E. L., & Ryan, R. M. (1985). *Intrinsic motivation and self-determination in human behavior*. New York：Plenum.

Dweck, C. S. (1975). The role of expectations and attributions in the alleviation of learned helplessness. *Journal of Personality and Social Psychology, 31*, 674-685.

波多野 誼余夫（編）（1980）．自己学習能力を育てる――学校の新しい役割――　東京大学出版会

速水 敏彦（1986）．わかる授業の動機づけ　北尾 倫彦・速水 敏彦　わかる授業の心理学――教育心理学入門――　有斐閣

北尾 倫彦（1991）．学習指導の心理学――教え方の理論と技術――　有斐閣

牧 郁子・関口 由香・山田 幸恵・根建 金男（2003）．主観的随伴経験が中学生の無気力感に及ぼす影響　教育心理学研究, *51*, 298-307.

Maslow, A. (1962). *Toward a psychology of being*. New York：Van Nostrand.

Overmier, J. B., & Seligman, M. E. P. (1967). Effects of inescapable shock upon subsequent escape and avoidance responding. *Journal of Comparative and Physiological Psychology*, *63*, 28-33.

Schunk, D. H. (1981). Modeling and attribution effects on children's achievement : A self-efficacy analysis. *Journal of Educational Psychology, 73*, 93-105.

Schunk, D. H. (1984). Self-efficacy and cognitive skill learning. In C. Ames, & R. Ames (Eds.), *Research on motivation in education*. Vol.3. Academic Press.

Sechrest, L. (1963). Implicit reinforcement of responses. *Journal of Educational Psychology, 54*, 197-201.

Seligman, M. E. P., & Maier, S. F. (1967). Failure to escape traumatic shock. *Journal of Experimental Psychology, 74*, 1-9.

下山 剛 (編) (1985). 学習意欲の見方・導き方 教育出版

Sugimura, T. (1965). Implicit reinforcement in classroom as a function of grade and sociometric status. *Japanese Psychological Research, 7*, 166-170.

豊田 弘司 (2003). 教育心理学入門――心理学による教育方法の充実―― 小林出版

豊田 弘司 (編著) (2008). 改訂版 教育心理学入門――心理学による教育方法の充実―― 小林出版

Weiner, B. (1979). A theory of motivation for some classroom experiences. *Journal of Educational Psychology, 71*, 3-25.

Weiner, B., Heckhausen, H., Meyer, W. H., & Cook, R. E. (1972). Causal ascription and achievement behavior : A conceptual analysis of effort and reanalysis of locus of control. *Journal of Personality and Social Psychology, 21*, 239-300.

第9章

Baddeley, A. D. (1992). Working memory. *Science, 255*, 556-559.

Baddeley, A. D., & Hitch, G. (1974). Working memory. In G. H. Bower (Ed.), *The psychology of learning and motivation*. Vol.8. Academic Press.

Baddeley, A. D., & Logie, R. H. (1999). Working memory : The multiple component model. In A. Miyake, & P. Shah (Eds.), *Models of working memory : Mechanisms of active maintenance and executive control* (pp.28-61). Cambridge University Press.

Collins, A. M., & Loftus, E. F. (1975). A spreading-activation theory of semantic processing. *Psychological Review, 82*, 407-428.

Craik, F. I. M., & Lockhart, R. S. (1972). Levels of processing : A framework for memory research. *Journal of Verbal Learning and Verbal Behavior, 11*, 671-684.

Craik, F. I. M., & Tulving, E. (1975). Depth of processing and the retention of words in episodic memory. *Journal of Experimental Psychology : General, 104,* 268-294.

Deneman, M., & Carpenter, P. A. (1980). Individual differences in working memory and reading. *Journal of Verbal Learning and Verbal Behavior, 19,* 450-466.

Kendler, H. H., & Kendler, T. S. (1968). Mediation and conceptual behavior. In K. W. Spence, & T. J. Spence (Eds.), *The psychology of learning and motivation : Advances in research and theory.* Vol.2 (pp.198-222). New York : Academic Press.

Logie, R. H. (1995). *Visuo-spatial working memory.* Erlbaum.

三宅 晶 (1995). 短期記憶と作動記憶 高野 陽太郎 (編) 認知心理学2 記憶 (pp.71-99) 東京大学出版会

苧阪 満里子 (2002). 脳のメモ帳 ワーキングメモリ 新曜社

苧阪 満里子・苧阪 直行 (1994). 読みとワーキングメモリ容量——リーディングスパンテストによる検討—— 心理学研究, *65,* 339-345.

Pressley, M., McDaniel, M. A., Turnure, J. E., Wood, E., & Ahmad, M. (1987). Generation and precision of elaboration : Effects of intentional and incidental learning. *Journal of Experimental Psychology : Learning, Memory, and Cognition, 13,* 291-300.

Stein, B. S., Morris, C. D., & Bransford, J. D. (1978). Constraints on effective elaboration. *Journal of Verbal Learning and Verbal Behavior, 17,* 707-714.

豊田 弘司 (1984). 子どもの精緻的学習に及ぼす文脈による意味的限定の効果 教育心理学研究, *32,* 134-142.

豊田 弘司 (1990). 偶発記憶における検索に及ぼす精緻化の効果 心理学研究, *61,* 119-122.

豊田 弘司 (1995). 長期記憶Ⅰ——情報の獲得—— 高野 陽太郎 (編) 認知心理学2 記憶 (pp.101-116) 東京大学出版会

Tulving, E. (1972). Episodic and semantic memory. In E. Tulving, & W. Donaldson (Eds.), *Organization of memory.* New York : Academic Press.

Tulving, E., & Thomson, D. M. (1973). Encoding specificity and retrieval processes in episodic memory. *Psychological Review, 80,* 352-373.

第 10 章

Chase, W. G., & Simon, H. A. (1973). Perception in chess. *Cognitive Psychology, 4,* 55-81.

Chi, M. T. H. (1978). Knowledge structure and memory development. In R. S. Siegler (Ed.), *Children's thinking : What develops?* (pp.73-96) Lawrence Erlbaum Associates.

Chi, M. T. H., Feltovich, P. J., & Glaser, R. (1981). Categorization and representation of physics problems in experts and novices. *Cognitive Science, 5,* 121-152.

引用文献　　　239

Craik, F. I. M., & Tulving, E. (1975). Depth of processing and the retention of words in episodic memory. *Journal of Experimental Psychology : General, 104,* 268-294.

Dunlosky, J., & Nelson, T. O. (1994). Does the sensitivity of judgments of learning (JOLs) to effects of various study activities depend on when the JOLs occur? *Journal of Memory and Language, 33,* 545-565.

Hatano, G., Miyake, Y., & Binks, M. G. (1977). Performance of expert abacus operators. *Cognition, 5,* 57-71.

伊藤 毅志・安西 祐一郎 (1996). 問題解決の過程　市川 伸一 (編著) 認知心理学4　思考 (pp.107-131)　東京大学出版会

Kail, R. (1990). *The development of memory in children* (3rd ed.). NY : W. H. Freeman and Company.

　　（ケイル, R. 高橋 雅延・清水 寛之 (訳) (1993). 子どもの記憶――おぼえること・わすれること―― サイエンス社）

Klausmeier, H. J., & Loughlin, L. J. (1961). Behaviors during problem solving among children of low average, and high intelligence. *Journal of Educational Psychology, 52,* 148-152.

Köhler, W. (1917). *Intelligenzprüfungen an Menschenaffen.*

　　（ケーラー, W. 宮 孝一 (訳) (1962). 類人猿の知恵試験　岩波書店）

Markman, E. M. (1977). Realizing that you don't understand : A preliminary investigation. *Child Development, 48,* 986-992.

森田 泰介 (2008). 学習の基礎――記憶の個人差―― 豊田 弘司 (編著) 改訂版　教育心理学入門――心理学による教育方法の充実―― (pp.88-94)　小林出版

Nelson, T. O., & Narens, L. (1990). Metamemory : A theoretical framework and new findings. In G. H. Bower (Ed.), *The psychology of learning and motivation : Advances in research and theory.* Vol.26 (pp.125-173). Academic Press.

Newell, A., & Simon, H. A. (1963). GPS : A program that simulates human thought. In E. A. Feigenbaum, & J. Feldman (Eds.), *Computer and thought.* McGraw-Hill.

大浦 容子 (1996). 熟達化　波多野 誼余夫 (編著) 認知心理学5　学習と発達 (pp.11-36)　東京大学出版会

Owings, R., Petersen, G., Bransford, J., Morris, C., & Stein, B. (1980). Spontaneous monitoring and regulation of learning : A comparison of successful and less successful fifth graders. *Journal of Educational Psychology, 72,* 250-256.

三宮 真智子 (1996). 思考におけるメタ認知と注意　市川 伸一 (編著) 認知心理学4　思考 (pp.157-180)　東京大学出版会

清水 寛之 (1995). 記憶力　高野 陽太郎 (編著) 認知心理学2　記憶 (pp.169-187)　東京

240 　　　　　　　　　　　　　　引 用 文 献

大学出版会

Swanson, H. L. (1990). Influence of metacognitive knowledge and aptitude on problem solving. *Journal of Educational Psychology, 82*, 306-314.

Thorndike, E. L. (1898). Animal intelligence. Psychological review monograph supplements, No.8. In W. Dennis (Ed.), (1948). *Readings in the history of psychology.* Appleton-Century-Crofts.

第11章

青柳 肇ほか（編）(1985). 教師のための教育心理学　福村出版

Ausubel, D. P. (1960). The use of advance organizer in the learning and retention of meaningful verbal material. *Journal of Educational Psychology, 51*, 267-272.

Ausubel, D. P. (1963). *The psychology of meaningful verbal learning.* Grune and Stratton.

Ausubel, D. P., & Youssef, M. (1963). Role of discriminability in meaningful parallel learning. *Journal of Educational Psychology, 54*, 331-336.

Bruner, J. S. (1961). The act of discovery. *Harvard Education Review, 31*, 21-32.

Cronbach, L. J. (1957). The two disciplines of scientific psychology. *American Psychologist, 12*, 671-684.

Crowder, N. A. (1960). Automatic tutoring by intrinsic programming. In A. A. Lumsdaine, & R. Glazer (Eds.), *Teaching machines and programmed learning : A source book.* National Education Association.

Dewey, J. (1902). *The child and the curriculum.* Chicago : The University of Chicago Press.

Gagne, R. M., & Brown, L. T. (1961). Some factors in the programming of conceptual learning. *Journal of Experimental Psychology, 62*, 313-321.

平田 賢一 (1978). 学習の個別化とプログラム教授　北尾 倫彦（編）学習の心理——教科学習の基礎——　ミネルヴァ書房

堀 真一郎 (1997). 自由学校の設計——きのくに子どもの村の生活と学習——　黎明書房

井上 智義（編）(2006). 視聴覚メディアと教育方法　ver. 2 ——認知心理学とコンピュータ科学の応用実践のために——　北大路書房　p.169.

板倉 聖宣 (1966). 未来の科学教育　国土社

梶田 正巳 (1978). 知識獲得と有意味学習　北尾 倫彦（編）学習の心理——教科学習の基礎——　ミネルヴァ書房

小森 孝彦 (1978). 課題解決と発見学習　北尾 倫彦（編）学習の心理——教科学習の基礎——　ミネルヴァ書房

三隅 二不二・吉崎 静夫・篠原 しのぶ (1977). 教師のリーダーシップ——その測定方法と

引 用 文 献 241

妥当性―― 教育心理学研究, *16*, 93–95.

三宅 なほみ・白水 始（2003）．掲示板による協調学習　三宅 なほみ・白水 始（編著）学習科学とテクノロジ　放送大学教育振興会

森 敏昭（2006）．コンピュータによる協調学習（CSCL）　森 敏昭・秋田 喜代美（編）教育心理学キーワード（pp.222–223）　有斐閣

森田 健宏（2008）．視聴覚教育とメディア教育　豊田 弘司（編著）改訂版　教育心理学入門――心理学による教育方法の充実――（pp.133–136）　小林出版

中島 義明（1996）．映像の心理学――マルチメディアの基礎――　サイエンス社

沖林 洋平（2008）．コンピューターの利用　豊田 弘司（編著）改訂版　教育心理学入門――心理学による教育方法の充実――（pp.133–136）　小林出版

奥山 和夫・新井 邦二郎（1991）．外発的動機づけからみた教師の語りかけに関する調査研究　共栄学園短期大学研究紀要, *7*, 45–53.

大村 彰道（1977）．教材のシーケンシング　東 洋ほか　教育のプログラム　共立出版

塩田 芳久（編）（1970）．バズ学習の実践的研究――その困難点・問題点の解明――　黎明書房

Skinner, B. F.（1958）. Teaching machines. *Science, 128*, 969–977.

Snow, R. E., Tiffin, J., & Seibert, W. F.（1965）. Individual differences and instructional film effects. *Journal of Educational Psychology, 56*, 315–326.

杉村 健（1979）．教育心理学　近畿大学通信教育部

豊田 弘司（1994）．学習指導法の基礎　藤井 悦雄ほか（共著）子どもの発達・生活と教育――現代の課題に答える教育心理学――　学術図書出版社

豊田 弘司（2003）．教育心理学入門――心理学による教育方法の充実――　小林出版

碓井 岑夫（1990）．体験的学習　細谷 俊夫・河野 重男・奥田 真丈・今野 喜清（編）新教育学大事典　第一法規出版

第 12 章

Bloom, B. S., Hastings, J. T., & Madaus, G. F.（1971）. *Handbook on formative and summative evaluation of student learning.* New York：McGraw-Hill.

橋本 重治（1976）．新・教育評価法総説　金子書房

梶田 叡一（2002）．教育評価　第 2 版補訂版　有斐閣

西岡 加名恵（2001）．ポートフォリオ評価法におけるルーブリックの位置づけ　教育目標・評価学会紀要, *11*, 2–12.

小野瀬 雅人（2002）．評価　佐藤 泰正・海保 博之・新井 邦二郎（編著）教育心理学　学芸図書

引 用 文 献

杉村 健 (1988). 教育心理学 小林出版

鈴木 秀幸 (1998). ポートフォリオ評価とは 指導と評価, *44* (5), 40-43.

鈴木 秀幸 (2001). パフォーマンス評価とは 指導と評価, *47* (4), 56-59.

豊田 弘司 (2003). 教育心理学入門——心理学による教育方法の充実—— 小林出版

第13章

北尾 倫彦 (1975). 学業不振——落ちこぼれを防ぐ教育の理論—— 田研出版

宮川 充司 (2014). アメリカ精神医学会の改訂診断基準 DSM-5 ——神経発達障害と知的障害, 自閉症スペクトラム障害—— 椙山女学園大学教育学部紀要, *7*, 65-78.

豊田 裕美 (2008). 家庭学習, 学業不振と特別支援——特別な支援のいる児童・生徒の指導—— 豊田 弘司 (編著) 改訂版 教育心理学入門——心理学による教育方法の充実——(pp.216-227) 小林出版

豊田 弘司 (2008). 学業成績の規定要因における発達的変化 奈良教育大学教育実践総合センター研究紀要, *17*, 15-21.

豊田 弘司・森本 里香 (2000). 子どもの自己生成された学習方略 奈良教育大学教育実践研究指導センター研究紀要, *9*, 31-38.

人名索引

ア　行

アトキンソン（Atkinson, J. W.）　126
アドラー（Adler, A.）　68

板倉聖宣　179
伊藤毅志　159, 160

ウィーゼル（Wiesel, T. N.）　22
ヴィゴツキー（Vygotsky, L. S.）　27, 41
ヴィマー（Wimmer, H.）　93, 95
ウェクスラー（Wechsler, D.）　50, 52
碓井岑夫　185

エインスワース（Ainsworth, M. D. S.）　88
エリオット（Eliot, J.）　58
エリクソン（Erikson, E. H.）　16, 30, 32,
　69, 74, 77, 78

オーウィングス（Owings, R.）　165
大浦容子　156, 161
オーズベル（Ausubel, D. P.）　182, 183
オーバーマイヤー（Overmier, J. B.）
　132
大村彰道　183
沖林洋平　176
奥山和夫　188
苧阪満里子　141
小野瀬雅人　201, 202

カ　行

梶田正巳　184
ガニエ（Gagne, R. M.）　180

北尾倫彦　214
キャッテル（Cattell, R. B.）　104
キャノン（Cannon, W. B.）　114
キャンポス（Campos, J.）　114
ギルフォード（Guilford, J. P.）　51, 63,
　104

グッドマン（Goodman, G. S.）　42
クライン（Klein, M.）　69
クラウスマイヤー（Klausmeier, H. J.）
　160
クラウダー（Crowder, N. A.）　174
グラックスバーグ（Glucksberg, S.）　40
グリーナフ（Greenough, W. T.）　22
クレイク（Craik, F. I. M.）　145
クレッチマー（Kretschmer, E.）　102
クロンバック（Cronbach, L. J.）　168

ケーラー（Köhler, W.）　157
ゲゼル（Gesell, A. L.）　18
ゲルマン（Gelman, R.）　58
ケンドラー（Kendler, H. H.）　139

ゴールドバーグ（Goldberg, L. R.）　104
コールバーグ（Kohlberg, L.）　97
コックス（Cox, M. V.）　57
コッホ（Koch, K.）　110
コフート（Kohut, H.）　72
小森孝彦　179, 180
コリンズ（Collins, A. M.）　143

サ　行

サーストン（Thurstone, L. L.）　50

人名索引

サイモンズ（Symonds, P. M.）104
サピア（Sapia, E.）43
サリヴァン（Sullivan, H. S.）69
三宮真智子　166

ジェイムズ（James, W.）114
ジェンセン（Jensen, A. R.）19
塩田芳久　170
清水寛之　163
下山　剛　124
シャンク（Schunk, D. H.）129
シュテルン（Stern, W）18, 50
ジョンソン（Johnson, W.）112

スーパー（Super, D. E.）78
スキナー（Skinner, B. F.）136, 172
杉村　健　121, 192
スキャモン（Scammon, R. E.）12
鈴木秀幸　202, 203
ステイン（Stein, B. S.）147, 148
スノー（Snow, R. E.）168
スピアマン（Spearman, C.）50
スワンソン（Swanson, H. L.）165

セクレスト（Sechrest, L.）120
セリグマン（Seligman, M. E. P.）132

ソーンダイク（Thorndike, E. L.）157

タ　行

ターマン（Terman, L. M.）50, 52
タルビング（Tulving, E.）143, 144
ダンロスキー（Dunlosky, J.）164

チー（Chi, M. T. H.）152, 153, 162
チェイス（Chase, W. G.）156

ディアボーン（Dearborn, W. F.）50
デーネマン（Deneman, M.）141
デシ（Deci, E. L.）128
デューイ（Dewey, J.）186

ドヴェック（Dweck, C. S.）133
ドゥンカー（Duncker, K.）63
豊田弘司　148, 149, 180, 211, 216
豊田裕美　219

ナ　行

西岡加名恵　203
ニューエル（Newell, A.）159

ネルソン（Nelson, T. O.）163

ハ　行

バード（Bard, P.）114
バーノン（Vernon, P. E.）50
ハーロウ（Harlow, H. F.）86
バーン（Berne, E.）111
ハヴィガースト（Havighurst, R.）30
パヴロフ（Pavlov, I. P.）136
バス（Buss, A. H.）112
波多野誼余夫　124, 156
バッドレー（Baddeley, A. D.）140
速水敏彦　122, 125
バルテス（Baltes, P. B.）15
バレット（Barrett, K.）113
バロン＝コーエン（Baron-Cohen, S.）
　95
バンデューラ（Bandura, A.）128

ピアジェ（Piaget, J.）30, 54～59, 61, 96,
　97

ブリッジス（Bridges, K. M. B.）112

人名索引

ブルーナー（Bruner, J. S.） 179
ブルーム（Bloom, B. S.） 198
プレスリー（Pressley, M.） 149
プレマック（Premack, D.） 92
フロイト，A.（Freud, A.） 68
フロイト，S.（Freud, S.） 67, 68
フロム（Fromm, E.） 69

ボウルビィ（Bowlby, J.） 88
ホーナイ（Horney, K.） 69
ポルトマン（Portmann, A.） 18, 33

マ 行

マークマン（Markman, E. M.） 166
マーシア（Marcia, J. E.） 84
マーラー（Mahler, S.） 71
牧 郁子 130
マズロー（Maslow, A. H.） 105, 118
マックレア（McCrae, R. R.） 104, 111
マレー（Murray, H. A.） 110

ミード（Mead, G. H.） 66
三隅二不二 187
宮川充司 217
三宅なほみ 177

森 敏昭 176
森田泰介 152, 154
森田健宏 184

ヤ 行

ユング（Jung, C. G.） 68, 102

ラ 行

ラザルス（Lazarus, R. S.） 106
ランゲ（Lange, C.） 114

リュケ（Luquet, G. H.） 44

レヴィン（Lewin, K.） 106
レヴィンジャー（Loevinger, J.） 80
レヴィンソン（Levinson, D. J.） 16

ローゼンツワイク（Rosenzweig, S.）
　110
ロールシャッハ（Rorschach, H.） 110
ローレンツ（Lorenz, K.） 22

ワ 行

ワイナー（Weiner, B.） 131

事項索引

ア 行

愛着　88, 104
アイデンティティ　76
アクション・リサーチ　8
アクティブ・ラーニング　186
アスペルガー症候群　220
アパシー　77
誤った信念課題　93
アルゴリズム　159
暗黙の強化　120

育児語　37
一語文　38
1 次的欲求　86
イド　67
意味記憶　142, 143

ウェクスラー式知能検査　52
内田・クレペリン精神作業検査　109

エゴグラム　111
エスノグラフィ　8
枝分かれ型プログラム　174
エディプス・コンプレックス　68
エピソード記憶　143, 144
エレクトラ・コンプレックス　68
延滞模倣　55
エントレインメント　86

横断的研究法　8
オープン教育　178
オープン・スクール　178
オペラント条件づけ　136

カ 行

オペラント反応　140
音韻ループ　140

絵画統覚検査　110
外言　40
解説オーガナイザー　183
外的調整　128
外発的動機づけ　119
学業不振　213
学業不振児　213
拡散的思考　63
学習　136, 140
学習習慣　210
学習習慣の形成　215
学習準備性　198
学習障害　221
学習心理学　6
学習性無力感　133
学習性無力感の解消　216
学習動機　118
学習の統制感　128
学力低下　210
学級適応の指導　215
学級風土　10
学級崩壊　222
活性化拡散　144
葛藤　106
感覚運動期　54
環境閾値説　19
観察法　108
完成法　205
完全習得学習　199

記憶方略　164
既学習判断　164
基礎・基本の指導　216
既知感　164
基本的信頼　76
基本的生活習慣　210
基本的生活習慣の形成　215
基本的不信　76
客我　66
客観テスト　205
ギャング・エイジ　90
教育　2, 5, 6
教育心理学　5, 7
教育評価　192
教育目標の分類学　199
強化　136
境界性人格障害　71
強化刺激　140
教師作成テスト　204
教授法　168
教授マップ　183
競争　121
共同注意　70
均衡化　54
勤勉性　76

具体的操作期　56
組合せ法　206

経験説　17
形式的操作期　56
形成的評価　198
結晶性知能　61
原因帰属　131
言語相対性仮説　43
現実自己　73
原始反射　24

語彙の獲得　36
語彙爆発　38
講義法　168
向上心　124
構造化　154
行動主義心理学　136
広汎性発達障害　220
こころの理論　92
個人内差異評価　195
個人内評価　195
個性　168
古典的条件づけ　136
孤独　77
ことば　36
ことばの獲得　36
コホート　8
コミュニケーション　40

サ　行

罪悪感　76
再帰属法　133
サヴァン症候群　47
作業検査法　108
作動記憶　95, 140
三項関係　37
算数障害　222

自我　66, 67
視覚的写実性　44
自我同一性　74
視空間的スケッチパッド　140
刺激　136
次元外移行　138
次元内移行　138
自己　66
自己愛性人格障害　72
試行錯誤説　157

事 項 索 引

自己概念　72
自己決定理論　128
自己肯定感　74
自己効力感　129
自己指向性行動　69
自己実現　105
自己受容　74
自己生成精緻化　149
自己中心性　45
自己同一性　74
事後の評価　200
自己ペースの原理　174
自己有能感　74
自主性　76
事前評価　197
自尊感情　73
叱責　120
失敗回避動機　126
質問紙法　108
自伝的記憶　149
自伝的精緻化　150
自動化　156
自動的処理　156
指導のための評価　192
自閉症スペクトラム障害　220
社会化　86
社会的学習理論　96
社会的技能　90
社会的参照　38, 114
社会的生活習慣　210
社会的微笑　86
就巣性　33
収束的思考　63
集団維持機能　187
縦断的研究法　8
集団目標達成機能　187
主我　66

熟達化　156
熟達者　156
生涯発達　15
生涯発達心理学　15
称賛　120
衝動性　219
初期経験　22
職業適性自己診断テスト　111
職業的同一性　78
初語　36
書字障害　221
処理水準説　145
自律性　76
新奇場面法　89
真偽法　205
身体性　23
診断的評価　197
進歩の評価　195
親密性　77
心理・社会的危機　74

随伴経験　130
随伴性　130
スキーマ　154
図式オーガナイザー　183
スタンフォード・ビネー知能検査　52
スモール・ステップの原理　172
刷り込み　22

性格　102, 108
性格形成　102
生活年齢　52
成功追求動機　126
成熟前傾現象　26
成熟優位説　18, 19
生殖性　77
精神年齢　52

精神分析学　67
精神分析理論　67, 95
精緻化　146
生得説　17
生理的早産　33
積極的反応の原理　173
絶対的学業不振児　213
絶対評価　192, 194
絶望　77
セルフ・スキーマ　73
セルフ・ディスクレパンシー　73
先行オーガナイザー　182
漸成図式　74
前操作期　55
選択完成法　206

総括的評価　200
早期完了　84
相互作用説　19
創造性　63
相対的学業不振児　213
相対評価　192, 193
ソーシャル・サポート　74
ソーシャル・スキル　90
即時確認の原理　173

タ　行

体験学習　186
対処行動　106
多因子説　50
多肢選択法　205
他者理解　91
達成動機　126
達成動機づけ　126
達成度評価　194
多動性　219
弾力性　81

知的好奇心　124
知的写実性　44
知的障害　222
知能　50
知能検査　51
知能指数　52
知能水準　160
チャンク　156
注意欠陥・多動性障害　218
超自我　67
調節　54
直線型プログラム　172

停滞　77
適応　105
適応機制　106
適性処遇交互作用　168
テスト　204

同一化　68
同一化調整　128
同一性　76
同一性拡散　76
同一性地位　84
投影法　109
同化　54
討議法　170
道具的条件づけ　136
統合性　77
洞察説　159
統制的処理　156
到達度評価　194
道徳性　95
道徳性の発達　95
独語　41
読字障害　221
特性論　102, 104

事 項 索 引　　251

特別支援教育　217
途中の評価　198
取り入れ的調整　128
努力度評価　195

ナ 行

内言　41
内的作業モデル　90
内的調整　128
内発的動機づけ　124
喃語　36

二因子説　50
認知構造　182
認知心理学　140
認知的制約　38
認知的動機づけ　124
認知理論　96
認定評価　194

喉まででかかっている現象　164

ハ 行

パーソナリティ　102
媒介型の学習　138
バウム・テスト　110
恥・疑惑　76
バズ学習　170
発見学習　179
発達　12
発達加速現象　26
発達課題　30
発達曲線　12
発達勾配現象　27
発達障害者支援法　217
発達段階　28
発達の最近接領域　28

パフォーマンス評価　203
ハンド・リガード　69
反応　136

比較オーガナイザー　183
ビッグ・ファイブ　104
ビネー式知能検査　51, 52
ヒューリスティック　159
標準学力テスト　204
ヒント後退の原理　173

フィードバックとしての評価　192
輻輳説　18
符号化特定性原理　144
不注意　219
不登校　223
不登校児童生徒　223
プログラム　172
プログラム学習　172
文章完成法　110

ベンダー・ゲシュタルト・テスト　109

防衛機制　106
報酬　122
放送教育　185
ポートフォリオ評価　202
ホスピタリズム　88
母性剥奪　88
保存概念　56

マ 行

マザリーズ　37

見えにくい学力　201
導かれた発見学習　179
ミネソタ多面人格目録検査　108

事項索引

メタ記憶　163
メタ認知　162, 165
メタ認知的制御　162
メタ認知的知識　162
メディア教育　184
面接法　108

モニタリング　165
モラトリアム　77
モンスターペアレント　223
問題解決　157, 165

ヤ　行
役割取得　91

有意味受容学習　181

養育態度　104
抑制機能　95
欲求の階層構造　118
欲求不満耐性　106
4枚カード問題　59

ラ　行
ライフ・サイクル　16

リーディングスパンテスト　141
理解モニタリング　166
理想自己　73
離巣性　33
リビドー　67
流動性知能　61
臨界期　22

類型論　102
ルージュ・タスク　69
ルーブリック　203

レジリエンス　81
劣等感　76
レディネス　18, 198
連合　136
レントゲン画法　44

ロールシャッハ・テスト　110
論文体テスト　204

ワ　行
ワーキングメモリ　95, 140

英　字
ADHD　218
CAI　176
CSCL　176
eラーニング　176
ICT　177
LD　221
LGBT　79
M機能　187
NEO-PI-R　111
PDCAサイクル　218
P-Fスタディ　110
P機能　187
SCT　110
SDS　111
S-R型の学習　138
TAT　110
TOT現象　164
WAIS　53
WAI法　72
WISC　53
WPPSI　53
Y-G性格検査　104, 108

執筆者紹介

渡部　雅之（わたなべ　まさゆき）　　　　　　　　　　［第 1〜7 章］

1984 年　大阪大学人間科学部人間科学科卒業
1987 年　大阪大学大学院人間科学研究科博士後期課程中退
現　在　滋賀大学教育学部教授　博士（人間科学）

主要著書・訳書

『空間的視点取得の生涯発達に関する研究』　風間書房
『乳児の発達』（翻訳）　ミネルヴァ書房
『実験で学ぶ発達心理学』（分担執筆）　ナカニシヤ出版

豊田　弘司（とよた　ひろし）　　　　　　　　　　　　［第 8〜13 章］

1981 年　奈良教育大学小学校教員養成課程心理学専攻卒業
1983 年　大阪教育大学大学院教育学研究科修士課程修了
現　在　奈良教育大学教育学部教授　博士（文学）

主 要 著 書

『教育心理学入門——心理学による教育方法の充実——』　小林出版
『記憶の心理学』（分担執筆）　放送大学教育振興会
『認知心理学 2　記憶』（分担執筆）　東京大学出版会

心理学ベーシックライブラリ＝5-Ⅰ

教育心理学Ⅰ：発達と学習　第2版

2011 年 11 月 10 日Ⓒ	初 版 発 行
2018 年 3 月 25 日	初版第 6 刷発行
2019 年 11 月 10 日Ⓒ	第 2 版第 1 刷発行

著　者	渡 部 雅 之	発行者	森 平 敏 孝
	豊 田 弘 司	印刷者	中 澤　　眞
		製本者	米 良 孝 司

発行所　　**株式会社　サイエンス社**

〒151-0051　東京都渋谷区千駄ヶ谷 1 丁目 3 番 25 号
営業 TEL　（03）5474-8500（代）　　振替 00170-7-2387
編集 TEL　（03）5474-8700（代）
FAX　　　（03）5474-8900

印刷　㈱シナノ　　製本　ブックアート
《検印省略》

本書の内容を無断で複写複製することは，著作者および出
版者の権利を侵害することがありますので，その場合には
あらかじめ小社あて許諾をお求め下さい。

サイエンス社のホームページのご案内
https://www.saiensu.co.jp
ご意見・ご要望は
jinbun@saiensu.co.jp　まで.

ISBN978-4-7819-1456-5

PRINTED IN JAPAN

心理測定尺度集 堀 洋道監修

【電子版も好評発売中】

第Ⅴ巻：個人から社会へ〈自己・対人関係・価値観〉
吉田富二雄・宮本聡介編　B5判／384頁／本体3,150円

第Ⅵ巻：現実社会とかかわる〈集団・組織・適応〉
松井　豊・宮本聡介編　B5判／344頁／本体3,100円

2007年までに刊行された第Ⅰ～Ⅳ巻は，現在まで版を重ね，心理学界にとどまらず，看護などの関連領域においても，一定の評価を得てきました．従来の巻では，社会心理学，臨床心理学，発達心理学を中心とする心理学の領域で，それぞれの発達段階の人を対象として作成された尺度を選定し，紹介してきました．第Ⅴ巻，第Ⅵ巻ではこれまでの4巻の編集方針を基本的に継承しながら，主に2000年以降に公刊された学会誌，学会発表論文集，紀要，単行本の中から尺度を収集し，紹介しています．

【第Ⅴ巻目次】自己・自我　認知・感情・欲求　対人認知・対人態度　親密な対人関係　対人行動　コミュニケーション社会的態度・ジェンダー

【第Ⅵ巻目次】集団・リーダーシップ　学校・学習・進路選択　産業・組織ストレス　ストレス・コーピング　ソーシャルサポートと社会的スキル　適応・ライフイベント　不安・人格障害・問題行動　医療・看護・カウンセリング

～～ 好評既刊書 ～～

第Ⅰ巻：人間の内面を探る〈自己・個人内過程〉
山本眞理子編　B5判／336頁／本体2,700円

第Ⅱ巻：人間と社会のつながりをとらえる〈対人関係・価値観〉
吉田富二雄編　B5判／480頁／本体3,600円

第Ⅲ巻：心の健康をはかる〈適応・臨床〉
松井　豊編　B5判／432頁／本体3,400円

第Ⅳ巻：子どもの発達を支える〈対人関係・適応〉
櫻井茂男・松井　豊編　B5判／432頁／本体3,200円

＊表示価格はすべて税抜きです．

サイエンス社